SILENCES

Déjà parus aux éditions du Sextant :

COLLECTION DÉCODEUR

Isabelle PIVERT, *Plan Social, entretiens avec des licencieurs*
Isabelle PIVERT, *Soleil capitaliste, entretiens au cœur des multinationales*
Élisée RECLUS, *L'Anarchie*
Heinrich LÜSSY, *La Dissidence, plaidoyer pour l'esprit de contradiction*

COLLECTION GÉOGRAPHIQUE

Hélène SARRAZIN, *Élisée Reclus ou la passion du monde.*
Vlada TRAVEN, *La Datcha en Russie de 1917 à nos jours*
Josette BOUVARD, *Le Métro de Moscou, la construction d'un mythe soviétique.*
Janin Burgaz, *L'Art d'être belle*

COLLECTION RÉSISTANCE

Brigitte FRIANG, *Marche autant que tu pourras*
Jeanne BOHEC, *La Plastiqueuse à bicyclette*

HORS COLLECTION

René MAURICE, *Des Américains à Paris, de Benjamin Franklin à Ernest Hemingway*
Jean-Luc EINAUDI, *Franc-tireur, Georges Mattéi, de la guerre d'Algérie à la guérilla*
Jean-Luc EINAUDI, *Traces, Des adolescents en maison de redressement sous l'Occupation*
Pierre Kropotkine, *La Conquête du pain*

185 bis rue Ordener, 75018 Paris.
editions.sextant@wanadoo.fr

ISBN : 978-2-84978-015-2
Diffusion/Distribution : Harmonia Mundi
www.editionsdusextant.fr

SILENCES

Nathalie Lebret

éditions du sextant

Ce récit a été rédigé
en collaboraton avec Madeleine

Pour vous,
pour nous.

Moi, à 12 ans

J'ai souvent eu envie de raconter notre histoire mais sans jamais prendre le temps d'y parvenir. Je n'étais sans doute pas prête pour refaire le parcours et me replonger dans ce passé douloureux, si proche et si lointain. Ce récit n'est pas celui de la revanche car aussi incroyable que cela puisse paraître, je n'en veux pas à mes parents.

Cette histoire n'aurait jamais du pouvoir durer aussi longtemps si un jour, une minute, l'espace d'un instant, un seul des acteurs ou des spectateurs de notre vie quotidienne - administrations, école, santé, justice, familles, voisins - avait accepté de faire face, sans même prendre de risque, de façon discrète ou anonyme. Chacun a sans doute attendu qu'un autre s'en charge.

Septembre 2004

Le diagnostic a été fulgurant et le verdict est sans appel : cancer du poumon, aucune opération n'est envisageable, son état général ne la supporterait pas. Le médecin s'est étonné qu'il ait pu tenir aussi longtemps sans aucun traitement. J'ai côtoyé la maladie mais la mort est une épreuve que je n'ai encore jamais traversée. Il me faudrait un peu de temps pour appréhender la nouvelle mais la maladie n'est pas disposée à attendre. Comme un refuge, je cherche à tout prix un souvenir heureux où ma mémoire pourrait se poser : l'exercice s'annonce difficile… Que va-t-il donc rester ?

Mon père est hospitalisé à Rouen où habite Marilyne, ma sœur aînée. Elle va le voir tous les jours. Étrange complicité de ces dernières années, interminable errance pour l'un, quête désespérée de l'amour paternel pour l'autre, ils auront au moins parcouru un petit bout de chemin côte à côte. Comme je vis loin de Rouen, je lui téléphone presque tous les jours. J'attends d'avoir parlé avec Marilyne avant de l'appeler pour savoir comment elle l'a trouvé.

Quand je pense à lui, ce sont toujours les mêmes images qui reviennent : une infinie maigreur enveloppée dans un voile de fumée, le paquet de cigarettes à portée de mains, le regard absent presque transparent. Les jours bien rares de bonne humeur, une lueur anime son visage et parfois de façon inattendue, surgit une pointe d'humour. Il n'a jamais été très bavard. Nos conversations sont brèves. C'est surtout moi qui parle, parfois il pose une question dont il n'écoute jamais la réponse.

Son état s'aggrave rapidement. Début novembre, je décide d'aller le voir. Avant de partir j'appelle l'aîné de mes frères :

– Sébastien, je connais ta position mais tu sais, ce serait peut-être bien que tu essaies d'aller le voir, n'attends pas trop, il est vraiment très mal.

Pas de réponse : ni oui, ni non, je n'insiste pas. À trente ans, c'est à lui de décider. Je voyage une partie de la journée, changement de gare à Paris, j'arrive à l'hôpital en début d'après-midi. Les kilomètres ne m'aident pas à dissiper le malaise, mes sentiments à l'égard de mon père ont toujours été partagés entre la peur et la pitié. Je m'attends à le trouver changé mais en entrant dans la chambre, j'ai un véritable choc. Je reste sans voix. Heureusement Marilyne est là avec sa fille. C'est elle qui parle :

– Nathalie vient juste d'arriver, elle est venue directement de la gare.

Sans un mot, je me penche vers lui pour l'embrasser. D'un geste il me montre le rebord de la fenêtre, je m'approche. Il a mis de côté ce qu'il n'a pas mangé. Je trouve un yaourt collé contre la vitre et qui doit cuire au soleil depuis déjà plusieurs heures :

– Si tu as faim, tu peux le prendre.

J'hésite un instant avant de me décider à l'ouvrir mais je ne peux me résoudre à le goûter, je finis par le poser sur la table. Ce geste semble le gêner. Je ne voulais pas le vexer, il n'a rien d'autre à offrir :

– Je te remercie, c'est très gentil mais il fait très chaud ici et en plus ta chambre est plein sud…

Il lève les yeux au ciel et regarde Marilyne :

– Décidément, ta sœur ne changera jamais !

Il ne fait pas d'autre commentaire. Je suis touchée, pour une fois il accepte ce sens de l'exigence qui lui a tant fait défaut. Pour me faire plaisir, il accepte même un petit morceau du gâteau au chocolat que j'ai acheté avant d'arriver. La conversation porte sur mon voyage, mes enfants, il me demande même des nouvelles de mon mari. Je lui parle d'Émilie, ma sœur d'une année ma cadette :

– Émilie a demandé si tu voulais bien qu'elle vienne te voir ?

Le ton est dur, la méchanceté n'a jamais manqué un rendez-vous :

– Elle n'a qu'à venir, elle verra bien !

Je me demande, comment peut-il contenir autant de haine ? Ici, aujourd'hui, j'espérais une autre réaction. La proposition d'Émilie était à son image, généreuse, sans arrière pensée. Elle était prête à faire l'effort d'aller à sa rencontre, qu'ils puissent se quitter en paix mais il est trop fier, emmuré dans ses erreurs, il n'a plus le temps d'y renoncer. C'est mieux qu'Émilie ne vienne pas, elle ne mérite pas une ultime agression. L'infirmière nous demande de ne pas nous attarder, il est fatigué et ils ont des soins à faire. Je suis aussi un peu pressée par le temps :

– Je ne peux pas rester mais je vais essayer de revenir bientôt.

– Fais comme tu peux, ne te fais pas de souci, surtout tu n'as pas à t'inquiéter.

Ces mots sont inhabituels dans sa bouche, lui toujours si anxieux, il me paraît étrangement calme… Depuis plusieurs semaines, il ne peut pratiquement plus se lever seul mais il tient à nous dire au revoir de la fenêtre. Il a débranché ses appareils, il ne garde que la perfusion. De la rue, nous nous faisons des signes pendant un long moment. Marilyne est bouleversée ; je retiens mes larmes, je l'ai si souvent fait. Ce n'est pas un au revoir, c'est un adieu. Il est mort le 28 novembre. Il avait soixante ans.

Quand Marilyne m'a appelée, j'aurais voulu pouvoir la réconforter mais je ne trouve pas les mots. Je me sens emportée dans un tourbillon, presque un vertige face au vide et à l'absurdité de toute une vie. Mon père était ce qu'il était, je ne l'ai jamais accepté mais je ne le renie pas. Je rejoins Marilyne. Nous nous occupons de l'organisation des obsèques. Nous sommes un peu perdues, désemparées, c'est une situation que nous n'avons jamais eue à gérer. Une seule certitude, impérative, je veux qu'il parte dignement.

Il n'a laissé aucune indication. Nous savons qu'il a reçu une éducation religieuse, nous décidons de faire dire une messe. À l'hôpital, nous avons fait la connaissance d'une religieuse qui apporte aide et assistance aux familles. Sa présence et sa gentillesse nous ont été d'un grand secours. Elle a cherché à savoir qui nous étions. Nous avons beaucoup parlé de lui, de nous. Ensemble, nous avons préparé la cérémonie. Mes grands-parents paternels sont décédés. Mon père avait trois frères et une sœur. À l'exception de Paul que nous avons vu régulièrement jusqu'au milieu des années 70, il y a bien longtemps que mon père n'avait plus aucun contact avec sa famille.

Je souhaite tout de même les prévenir. Je fais une tentative auprès de l'un d'eux dont je trouve les coordonnées dans l'annuaire. C'est sa femme qui me répond, je me présente :

– Nous ne nous connaissons pas. Je suis Nathalie, la seconde fille de Jean, vous êtes ma tante. Je vous appelle dans des circonstances un peu particulières, je voulais annoncer à votre mari le décès de son frère. Je sais qu'ils ne se sont pas vus depuis des années mais je tenais à ce qu'il en soit informé.

Nous échangeons quelques banalités. Je tiens à la rassurer sur le sens de ma démarche :

– Après toutes ces années, je comprendrais très bien que vous ne souhaitiez pas en entendre parler. Si vous pouvez faire part de mon appel à votre mari, je peux vous rappeler pour vous donner tous les renseignements sur la cérémonie. Je vous remercie d'avoir pris le temps de m'écouter. À demain.

Le lendemain, confrontée à des questions d'intendance : où se trouve cette église ? Mais c'est loin ! Combien de temps cela va-t-il durer ? Je me contente de laisser les informations nécessaires s'ils décident de se joindre à nous. Sébastien accepte de venir à l'enterrement :

– Je viens… mais c'est surtout pour te soutenir.

Je le connais bien et je sais qu'il n'aime pas montrer ses émotions mais je comprends qu'il regrette de ne pas être allé le voir. Je suis contente qu'il vienne, sa présence me rassure. Frédéric et Jérôme, les deux plus jeunes, ne se déplaceront pas. Frédéric a quelques vagues souvenirs de lui, Jérôme aucun. Et ma petite sœur, Marie ? Elle vient d'avoir 27 ans, c'est déjà un petit miracle en soi. Depuis quelques mois une fenêtre s'est entrouverte après une première sortie prématurée de l'hôpital psychiatrique qui s'est soldée par un échec, elle vit désormais dans un petit appartement en ville tout en continuant à être suivie la journée. J'appelle son médecin pour savoir ce que nous devons faire. Il n'a pas un moment d'hésitation :

– Bien sûr, il faut qu'elle vienne. D'ailleurs, elle ne comprendrait pas que vous la teniez à l'écart, c'est vraiment important qu'elle soit présente. Elle m'a raconté qu'elle était allée le voir une fois à l'hôpital, toute seule et que la visite s'était bien passée. Je suis très optimiste pour l'avenir, elle a fait d'énormes progrès. Nous allons arriver à stabiliser son état de façon tout à fait satisfaisante.

Et ma mère ? Elle vit également à Rouen non loin de chez Émilie. Mes parents se sont séparés il y a presque vingt ans après dix-neuf années d'un invraisemblable mariage. Cette mort semble la toucher. Elle reste discrète, perdue dans ses pensées. D'un petit geste, elle effleure son visage. Elle donne le sentiment qu'il a tout de même un peu compté dans sa vie. Elle cherche à réconforter les uns et les autres, c'est bien la première fois que je la vois tenir son rôle. Elle est calme mais très émue, rien qui lui ressemble. Je lui ai dit que Sébastien allait venir. Elle l'attend. Avant la cérémonie, ils se retrouvent chez Émilie. Quand Sébastien arrive, il se dirige vers ma mère. Elle a un mouvement de recul, elle ne le reconnaît pas. Elle espérait l'enfant aux boucles dorées ; il avait neuf ans la dernière fois qu'ils se sont vus. Elle s'en veut de cette méprise. Elle l'attrape par le cou, autant de familiarité le met mal à l'aise. Elle aussi a beaucoup changé. Ils me rejoignent à l'hôpital pour le départ du convoi. Nous sommes huit : ma mère, mes trois sœurs, la fille de Marilyne, Sébastien, moi-même ainsi qu'un copain de mon père, il est jeune, il doit avoir trente-cinq ans. Je reconnais bien les stigmates qu'il porte sur son visage, ce regard vide et sans expression.

La cérémonie est simple mais nous la vivons intensément. Moments de joie ou de peine, on souhaiterait pouvoir les partager mais personne d'autre n'est venu. Je reste quelques jours à Rouen. J'habite chez Marilyne. Elle m'inquiète de plus en plus, elle réagit très mal à cette disparition. Leurs rencontres quotidiennes avaient fini par rythmer son existence et les trois mois qu'elle vient de passer à son chevet, n'ont fait qu'amplifier ce phénomène. Je la sens plus vulnérable que jamais.

– Marilyne, ils ont fait de ton enfance un enfer et toi tu prolonges la sentence, tu te condamnes lentement à perpétuité : tu es jeune, tu es jolie, il faut que tu travailles à imaginer une vie, la tienne, et non à traîner l'existence misérable à laquelle ils te destinaient, uniquement pour y expier leur mal de vivre. Pour toi, pour ta fille, tu n'as pas le droit de leur donner raison.

Je reprends le train. Sur le trajet du retour, je repasse dans ma tête le film de ces derniers jours. Je sens la tristesse faire place à un sentiment de révolte, révolte contre l'oubli. Je ne veux pas que la mort de mon père ensevelisse notre passé. Il faut au contraire qu'il s'expose au grand jour. J'ai besoin de clarté.

Si ma vie d'aujourd'hui est à des années-lumière de tout cela, elle est aussi la résultante des épreuves traversées, d'une énergie, de l'espoir qui depuis toujours me transporte, du besoin d'entreprendre, de la volonté de ne jamais renoncer, du désir permanent d'une vie meilleure, de l'obsession de comprendre et de faire comprendre. À trente-six ans, je partage ma vie avec un mari adorable, deux beaux enfants, une activité professionnelle enrichissante, des amis : la vie que je m'étais promise. Mes frères et sœurs sont restés très présents dans ma vie. Chacun peut être assez fier du chemin parcouru. Je suis aussi restée en contact avec ma mère. Quand je suis à Rouen, je passe un moment avec elle.

Septembre 2005

Il fait un temps de rêve. Arrivée de Paris par le train, je m'attarde un moment dans les rues piétonnes du vieux Rouen, la ville est toujours aussi belle. Je rejoins l'avenue Jeanne d'Arc. De la gare, il faut descendre jusqu'à la Seine, traverser le pont pour atteindre la rive gauche, ensuite on suit toujours la même avenue. Je décide de faire le parcours en métro. Avec ses deux wagons, le métro ressemble au petit train d'un parc d'attraction. Il me conduit en quelques minutes jusqu'au Petit Quevilly. … Et dire que je faisais régulièrement ce trajet à pied, en courant plutôt qu'en marchant pour essayer de suivre le rythme des pas de mon père, il était grand et je suis petite ; quand il faisait un pas, je devais en faire au moins quatre :

– Tu traînes ! Me disait-il.

Je descends à la station François Truffaut. Je remonte l'avenue Jean Jaurès. Plus haut sur la gauche, j'aperçois mon ancien collège, Fernand Léger. Je lui tourne le dos et je prends sur la droite. Je ne remarque aucune construction nouvelle, les immeubles que je longe existaient déjà. Seul changement notable, les arbres plantés tout le long du chemin, ce n'était pas aussi vert. Je tourne dans la rue Jacquard, je passe devant le bureau de police juste avant de prendre la rue Louis Pasteur où se trouve l'école primaire. Je m'arrête devant la grille de l'école. Je reste là un long moment, il y a tant de souvenirs associés à ces lieux. J'aurais aimé entrer mais tout est fermé, c'est mercredi. De la rue, je fais défiler les années en repérant les fenêtres de toutes mes anciennes salles de classe.

Le bâtiment de l'autre côté de la rue est tout aussi familier, il abrite la PMI. Je prends à gauche dans la rue du Président Kennedy pour retrouver un peu plus loin, la rue Jacques Prévert. En traversant, je commence à entrevoir la première des trois rangées de petites maisons mitoyennes.

– Tiens, ils ont refait les crépis !

Le préau en ferraille qui nous servait d'abri les jours de pluie a laissé place à des garages. Au bout de la rue, je sais déjà que les rails de chemin de fer ont disparu pour céder le passage à une voie rapide. On l'entend mais on ne la voit pas, elle est cachée par une barrière de verdure. ... Il faut que j'arrête de faire semblant de regarder le paysage. Je suis là parce que j'ai voulu venir. J'avance lentement comme pour amortir le choc. Chaque pas demande un effort. Il n'y a aucun bruit. C'est ici, je suis arrivée... La porte est ouverte... Un simple regard suffit à balayer toute la pièce. C'est tellement petit.

Les yeux fermés, je pourrais décrire l'intérieur : on entre directement dans la pièce à vivre, un placard ferme la cage de l'escalier qui mène à l'étage, au premier deux chambres, dans celle de droite, une porte masque les quelques marches qui montent au petit grenier mansardé. Des gens sont assis autour de la table, ils lisent... Je ne peux pas rester ainsi plantée devant l'entrée, c'est curieux la pièce me paraît beaucoup plus sombre. Au bout de la rue, je contourne la rangée. Chaque habitation a un double accès. Sur le mur opposé à l'entrée principale, une première porte vitrée dessert un petit palier avec de part et d'autre, toilettes et salle d'eau, puis une seconde porte également vitrée ouvre sur la courette à l'arrière de la maison. En arrivant de l'autre côté, je comprends ce qui a changé : les courettes ont disparu, deux murs et un toit pentu ont été montés pour agrandir un peu la partie basse des maisons. Elles ont dû gagner trois ou quatre mètres carrés. Cela donne à l'ensemble une silhouette étrange et massive. C'est un univers entièrement clos où le seul espace ouvert sur le monde a disparu.

Autrefois, les courettes étaient délimitées sur les côtés, par des murets à hauteur d'homme et, en façade par une barrière blanche qui donnait sur le large trottoir où l'on étendait le linge. Les maisons sont restées de plain-pied avec le trottoir. Par temps de fortes pluies, l'eau pénètre facilement à l'intérieur… Il y a quelques années, la municipalité a refait les maisons les unes après les autres, mon père a changé d'emplacement, il s'est installé trois portes plus loin. Le volet est clos, c'est peut-être encore inhabité.

Après l'enterrement j'avais déjà voulu revenir ici, Marilyne avait les clés mais elle ne voulait les confier à personne. Ensuite, elle s'est occupée de vider la maison et elle a souhaité le faire seule. Je quitte ces lieux pleins de silence trompeur et d'apparente sérénité qui se heurte à mes souvenirs remplis de cris, de larmes et de fureurs. Je suis surprise de la précision de mes souvenirs. Enfant, les trajets paraissent interminables mais en faisant un tour complet des environs pour revoir les points stratégiques, je constate que les distances entre chaque lieu sont telles que je les avais gardées en mémoire.

Je rencontre un ancien voisin. Il habitait au bout de notre rangée une maison qui depuis a été détruite. Il s'est installé un peu plus loin. Quand je passe dans la rue, il se tient sur le pas de sa porte, nous échangeons quelques mots. Une de ses filles habite la maison qui jouxte la sienne, il l'appelle. Quand elle arrive à la grille, son père doit lui dire qui je suis. Sa première question est stupéfiante :

– Est-ce que tu as eu ton permis de conduire ?

Je m'entends répondre :

– Oui.

Très vite, je dois surtout écouter. En quelques minutes et à grandes enjambées, elle évoque avec une précision quasi diabolique des faits qui remontent à plus de vingt ans. Je ressens une sorte de jubilation malsaine dans sa façon de raconter qui me laisse sans réaction, le père est plus discret ou un peu gêné. Une telle avalanche de détails m'indique que nous avons souvent dû être le centre des conversations du voisinage. Je sais bien qu'ils savaient tous, comment auraient-ils pu ignorer ?… Je pourrais les prendre en flagrant défaut car ils ne sont tout de même pas au courant de tout…

Je cherche la maison où habitent les parents d'une amie d'enfance dont je leur indique le nom, visiblement ils n'ont jamais entendu parler d'eux, pourtant j'aurais juré que c'était dans cette rue. Après avoir arpenté le quartier à plusieurs reprises, je finis par les trouver… Ce sont leurs plus proches voisins. Je sonne chez les parents de Corinne. Sa mère marque une brève hésitation avant de me reconnaître. La porte s'ouvre grand comme elle s'est toujours ouverte, aujourd'hui comme hier. Nous passons un moment ensemble. Ils sont toujours aussi charmants pourtant cette fois-ci, c'est moi qui suis un peu mal à l'aise. Ils sont à l'image de beaucoup de gens que j'ai croisés au fil de ces années d'enfance. Ils ont installé une frontière invisible, une barrière de protection, un cordon sanitaire en s'interdisant à jamais toute question, comme pour se mettre à l'abri des réponses qu'ils n'ont jamais voulu ou osé entendre. Je me suis souvent demandé comment ils parvenaient à faire comme si rien ne se passait. J'aimais venir ici. Leur maison a toujours respiré la joie et la bonne humeur.

Mes souvenirs sont très vivaces, je les ai bien rangés dans ma mémoire, ils ne m'empêchent pas de vivre mais je voudrais rompre cette chaîne du silence, donner une voix à ceux qui ne prennent jamais la parole, que la honte paralyse, qui ont peur de ne pas être entendus et qui appréhendent l'ombre du doute dans le regard des autres. Ce n'était pas un pèlerinage, je voulais avant tout vérifier l'exactitude de mes souvenirs avant de lancer la machine à remonter le temps.

Nous n'avons jamais eu d'album de famille et je ne connais l'existence que de quelques clichés noir et blanc. La première photo est splendide, c'est celle de mes parents le jour de leur mariage.

Juin 1965

Ce n'est pas un mariage arrangé, c'est un mariage qui arrange tout le monde. À la minute où Jean aperçoit Mathilde, il en tombe follement amoureux. Jamais dans ses rêves les plus fous, Jean n'avait osé imaginer qu'une telle fille puisse même le regarder. Elle est tellement belle, grande, mince, la silhouette élancée, de longs cheveux noirs, les yeux verts. C'est un garçon fier, plutôt sombre, discret presque effacé. Cette rencontre est une révélation, le signe qu'il attendait pour donner vie à son existence. Après quelques rencontres, il s'est très vite déclaré, à sa grande surprise, elle a tout de suite dit oui sans hésiter. Il n'a pas envie de se poser de question. Il veut vivre pleinement son rêve. Il est l'aîné d'une famille de cinq enfants. Il a été élevé par son beau-père que sa mère a épousé en 1947, il avait trois ans. En silence, il en veut à sa mère de n'avoir jamais voulu lui révéler qui était son père. C'est un solitaire rempli d'amertume. Il garde ses distances vis-à-vis de ses frères et sœur car il s'est toujours senti à part sans vraiment parvenir à trouver sa place au sein de la famille.

Au Petit Quevilly, ses parents occupent un emploi municipal, ils sont gardiens d'un petit parc de manège pour enfants où ils disposent d'une maison de fonction. C'est une famille modeste et tranquille. Les échanges sont assez limités, on s'aime bien mais on ne se le dit pas. Jean a eu une enfance paisible à l'abri du besoin. Une vie scolaire sans problème. Il a une belle écriture, il aime lire, il s'intéresse à l'histoire. Il a suivi les cours de catéchisme, il a fait sa communion à Saint-Antoine, l'église du quartier. Il fait son service militaire en Allemagne. Il est appelé à l'automne 1962. La vie militaire lui convient à merveille. Il aime cette vie organisée, sans imprévu et il se sent sur un pied d'égalité avec ses camarades. De retour à la vie civile, il commence à travailler. Il n'a suivi aucune formation professionnelle mais au cœur des années soixante ce n'est pas une préoccupation, la vie est simple, il faut seulement gagner sa vie et le travail ne manque pas.

Mathilde est l'aînée d'une famille de onze enfants. Petite, elle a été très gravement malade suite à une forte méningite. Elle est de caractère instable. Elle a souvent manqué l'école pour raisons de santé et aussi pour aider sa mère à la maison. Elle sait à peine lire, écrire ou compter. Mathilde évolue exclusivement à l'intérieur du cercle familial, elle y mène une double vie. Elle adore jouer avec ses jeunes sœurs, les petites l'adorent, une façon peut-être pour elle de les protéger des prédateurs familiaux et de retrouver à leur contact un semblant d'innocence. L'emprise de son père est très forte. Bien qu'il ait abusé d'elle quand elle n'était encore qu'une enfant, elle éprouve pour lui une véritable attirance, c'est un mélange d'admiration et de peur. Il l'emmène partout, à la chasse, à la pêche. Ses plus belles sorties, c'est avec lui, ses plus beaux cadeaux, c'est toujours lui. Au fil des années, ses frères se tiennent prêts à suivre l'exemple de leur père. La mère de Mathilde est une femme de conviction. En 1946, ses parents tentent de la convaincre de renoncer à épouser ce garçon qui ne leur plaît guère, ils le jugent inquiétant. Depuis la mort de leur fils pendant la guerre, leur fille est leur unique enfant. Aucun discours ne parvient à la faire changer d'avis, ils finissent par céder devant tant d'insistance.

Ce mariage a été conforme à ce que ses parents lui ont prédit, un désastre. Elle tient bon, fidèle à son engagement, elle consacre toute sa vie à sa famille. Elle a su parfaitement gérer les naissances successives. C'est une femme énergique, sa maison est bien tenue, les enfants toujours impeccables. Elle parle avec fierté de la médaille d'or de la famille que lui a décernée la Commune. Sa silhouette est restée fine, elle est très coquette. C'est une belle femme qui aime les jolies choses. Son mari, une force de la nature, est un homme fruste et violent. Sur son territoire, il règne en maître. Il n'essaye pas de se justifier mais il parle volontiers de son frère que ses parents adoraient. Les paroles prononcées par sa mère à la veille de la guerre semblent toujours résonner au fond de sa mémoire :

– Si l'un de vous deux doit monter au front, j'espère bien que ce sera toi.

Il travaille à l'entretien des espaces verts du Petit Quevilly. Sa femme lui reconnaît quelques qualités : il est travailleur et il fait vivre correctement sa famille. Au cours de sa vie, elle a accepté bien des choses mais elle a le sentiment que son univers est menacé. Elle ne voit plus son aînée comme sa fille, elle la considère uniquement comme une rivale. Elle ne supporte plus la relation que son mari entretient avec sa fille, cela doit cesser. Comme elle n'imagine pas que son mari modifie ses habitudes, elle décide que c'est Mathilde qui doit changer. Il faut qu'elle parte ! Même s'ils continuent à se voir, ce ne sera plus sous ses yeux. Sa fille travaille depuis l'âge de quatorze ans, elle est bien assez grande pour se débrouiller toute seule ; le père ne s'y oppose pas. Mathilde est déconcertée par la décision de sa mère. Elle n'a ni camarades, ni amies, pas même une collègue de travail à qui se confier. Elle n'a ni repère, ni point de comparaison. Les familles nombreuses vivent souvent en autarcie. Elle pourrait simplement chercher un logement mais elle est assez sauvage, cela représente des démarches, il faudrait remplir des papiers, c'est un obstacle qui lui paraît infranchissable, elle ne veut pas montrer qu'elle ne sait pas. L'ultimatum de quitter la maison familiale vient d'être lancé quand Mathilde rencontre Jean.

La première fois qu'elle l'a vu, c'était à l'heure du déjeuner à côté de la corderie où elle travaille. Il passait à bicyclette, ils se sont parlé, il la fait rire. Ce n'est pas le coup de foudre, elle n'est même pas amoureuse de lui, elle l'aime bien comme on peut aimer un copain.

Quand Jean la demande en mariage, elle a tout de suite dit oui, elle a trouvé la solution à son problème et puis Jean souhaite qu'ils se marient très vite. Sa mère est ravie de cette décision, elle s'est débrouillée avec le mari qu'elle a, sa fille n'aura qu'à faire de même et le plus important, personne ne pourra dire qu'elle a chassé sa fille. Quand le père rencontre son futur gendre, son opinion est vite faite : il est mou, il est maigre et il ne respire pas la santé… Ce n'est pas une mauvaise solution pour lui, ce garçon ne devrait pas être un obstacle bien gênant.

Les familles donnent leur consentement. Mathilde a dix-huit ans, Jean, vingt et un. Les apparences sont sauves, rien de plus normal que de marier ses enfants, c'est un aboutissement, un passage de témoin de génération en génération.

Le mariage est célébré au Petit Quevilly. Ce n'est pas un grand mariage mais les familles y ont mis le prix. Le banquet est organisé à Saint-Adrien à l'Auberge du Moulin Rose. Les convives se retrouvent ensuite à Rouen autour d'une coupe de champagne au Café de La Poste. En 1965, c'est un lieu très recherché auquel tout le monde ne peut prétendre. Mathilde est la reine de la fête. Elle est presque heureuse.

L'avenir n'est qu'une promesse

Les jeunes couples démarrent souvent leur existence avec très peu de moyens. Leur richesse, ce sont leurs rêves et leurs ambitions. Le bonheur est simple, il suffit d'être ensemble. On ne peut pas dire que Jean et Mathilde se connaissent mal, ils ignorent tout l'un de l'autre. Tout a été si rapide, ils n'ont pas eu le temps de s'inventer une vie à deux. Elle a imaginé sa vie comme dans un rêve, comme les vacances de son enfance en Espagne : la plage, la mer, les promenades en bateau, une belle vie comme les vedettes qu'elle aime regarder à la télévision. Elle fera des voyages, elle aura de jolies robes, faites sur mesure comme sa mère, elle passera son permis et elle aura une voiture.

Mathilde n'a jamais eu d'initiative à prendre ; sur un plan matériel, elle a vécu dans un univers protégé sans angoisse du lendemain. La relation avec son père l'a confortée dans l'illusion d'un homme tout puissant sur qui repose toutes les décisions. Elle souffre de troubles psychologiques graves que les circonstances n'ont pas encore pleinement révélés au grand jour.

Jean est très amoureux mais cela ne change rien à sa nature profonde. Il manque cruellement de volonté et de courage pourtant il est fier mais il n'a ni projet, ni ambition. Il a le mal de vivre chevillé au corps. Le passé l'a rejeté, il refuse l'avenir, sa vie se conjugue au seul quotidien.

Enfants ils ont toujours vécu dans le même quartier, à l'exception de son service militaire, Jean ne s'est jamais éloigné de la région de Rouen, Mathilde non plus. C'est pour eux une évidence, ils prennent un appartement dans le voisinage. Cela n'éloigne pas Mathilde de son père, cela n'encourage pas Jean à tourner la page. La fête est finie. Premières nuits, premières déceptions, ce n'est pas l'amant qu'elle espérait. Du jour au lendemain, elle est propulsée dans un monde inconnu. Après le tourbillon d'une famille nombreuse, elle se retrouve seule à devoir s'occuper d'un appartement, aussi petit soit-il, c'est une source d'angoisse et d'inquiétude permanentes qui vont mettre à rude épreuve son immense fragilité.

Ce n'est pas une femme d'intérieur, les tâches ménagères la rebutent. Tout acte du quotidien se présente comme une difficulté. Mathilde se sent incapable de faire la moindre course seule, elle a peur de ne pas savoir, de se tromper, de se faire avoir et elle se refuse à faire la moindre tentative. Elle va être très dépendante de Jean pour l'organisation de la maison. Elle n'est sûre que d'une chose, elle veut une vie différente de celle de sa mère et surtout, oui surtout, elle ne veut pas une ribambelle d'enfants, un à la rigueur et à une condition : que ce soit un garçon. Du moment que Jean peut vivre avec elle, il n'a pas d'avis sur la question. Ils laissent le hasard décider pour eux. Marilyne est née en novembre 1966, je suis née en février 1969.

Je n'ai pas de témoin pour me raconter ces premières années de vie commune mais au regard de ce qui a suivi, je peux les imaginer sans déformer la simple réalité des faits. Nous disposons d'une seule photo relative à cette période presque aussi petite qu'un timbre-poste. Elle a été prise dans ce premier appartement. Marilyne doit avoir trois ans et moi, un an à peine. Nous n'avons jamais eu d'appareil, quelqu'un de passage a du prendre la photo. Mes parents sont en train de déménager et ils ont voulu conserver un souvenir des lieux. Pour ce cliché unique, le photographe n'a guère cherché à mettre ses modèles en valeur. Dans une pièce presque vide, Marilyne est assise à même le sol, penchée en avant, la tête rentrée dans les épaules. Elle porte une jupe trop courte, un pull dont les manches ne couvrent pas entièrement ses bras, le collant est tirebouchonné. Pour une enfant de son âge, on est frappé par la gravité de son visage. Je suis assise à côté d'elle, l'air ébouriffé, seul le haut de la grenouillère est encore enfilé. Mes yeux sont brillants, j'ai pleuré, on m'a réveillée pour prendre la photo.

Ma mère est à nouveau enceinte. Comme la famille s'agrandit, mes parents ont obtenu un nouveau logement, ils s'installent dans une de ces petites maisons mitoyennes de la rue Louise Michel. Elles n'ont d'ailleurs de maison que le nom. Les murs de séparation sont de simples cloisons très fines qui ne favorisent aucune réelle intimité. Compte tenu de leur exiguïté, ces maisons sont occupées pour la plupart par des couples souvent d'un certain âge. Ils n'ont pas d'enfants ou bien leurs enfants sont grands et ils ne vivent plus avec eux. Ils mènent une existence paisible.

Ma mère a horreur d'être enceinte, elle n'aime pas voir son corps déformé et elle n'aime pas les filles. On ne choisit pas et la série continue avec la naissance d'Émilie en mai 1970. Ma mère a vingt-deux ans et déjà trois filles, c'est déjà beaucoup plus qu'elle ne peut supporter nerveusement.

Mon père est resté en contact avec un ancien camarade de l'armée. Il s'est installé dans le midi avec sa femme, il travaille dans une usine de parfums à Grasse. En août 1971, il propose à mon père de venir passer des vacances avec eux. Si la région leur plaît, à l'usine on cherche des bras. Mes grands-parents paternels acceptent de garder leurs deux plus jeunes petites-filles et mes parents partent en vacances avec Marilyne. Les deux familles campent dans l'arrière-pays près de Monaco. C'est un moment exceptionnel dans leur vie, leur véritable et unique bon souvenir.

Sur place il y a bien quelques soucis, ma mère se montre très jalouse, il y a plusieurs scènes à cause du couple d'amis. Ils doivent interrompre brusquement leurs vacances, je viens d'être hospitalisée d'urgence. Je n'ai jamais connu les raisons de cette hospitalisation. Mes questions resteront sans réponse et il manque des pages à mon carnet de santé, ils me diront seulement qu'ils ne s'en souviennent pas.

Le midi les a enchantés, rien ne les retenait en Normandie, ils auraient pu tout changer mais ils ne l'envisagent pas un instant. Cette parenthèse dans leur vie est un coup d'épée dans l'eau. Ce séjour n'a pas agi comme un électrochoc salutaire qui aurait pu les faire sortir de leur torpeur. Le souvenir de ces vacances inachevées sera souvent évoqué, avec amertume, presque sur un ton de reproche. Le malheur n'est pas une fatalité mais ils vont s'employer à lui consacrer toute leur énergie.

Premiers souvenirs

Toute mon enfance je l'ai vécue rue Louise Michel. Le monde qui s'offre à mes premiers souvenirs est un monde où l'ordre règne. Il n'y a pas un brin de fantaisie dans cet univers, on pourrait croire que les couleurs n'existent pas. Nous vivons dans une maison sans âme qui ressemble étrangement à la photo de leur ancien appartement avec juste quelques meubles en plus. Les murs sont nus, aucune décoration, pas de rideaux aux fenêtres. Les chambres sont minuscules, une seule armoire pour toute la famille. Dans la chambre des enfants, un lit où nous dormons toutes les trois, leur chambre est une copie conforme de la nôtre. Dans la pièce du rez-de-chaussée, une table et quelques chaises, un coin cuisine. Mon père a un électrophone et beaucoup de disques, surtout des quarante-cinq tours, par intermittence, une télévision.

À l'ordre, ils associent la rigueur car ils se révèlent des parents très exigeants dès notre plus jeune âge. La discipline est stricte, aucun écart n'est toléré. Il ne faut faire aucun bruit, nous n'avons pas le droit de parler, à peine de respirer, il faut être aussi transparent que possible. La famille s'est enrichie d'un nouvel élément, inattendu. Mon père a trouvé une chienne abandonnée qu'il a décidée d'adopter. Il n'aime pas les bêtes mais il est très craintif et la présence d'un grand chien doit le rassurer. Ils l'ont appelée Belle. Elle est jeune mais déjà d'une bonne taille, beige avec de longs poils. Sa niche est installée dans un coin de la courette. Ma mère trouve surtout que c'est une bouche de plus à nourrir. Elle aboie beaucoup et j'ai peur des chiens. Ils se moquent de ma peur mais leurs réflexions ne modifient pas mon appréhension.

Ils n'ont aucune patience avec Marilyne. Elle ne se souvient pas une seule fois d'avoir eu un compliment, une parole gentille ou encourageante. Elle souffre d'un petit problème d'incontinence qui fait abattre sur elle les foudres familiales dès le premier pas hors du lit. C'est tous les matins le même scénario, Marilyne descend l'escalier dans sa chemise de nuit bleue et blanche à petites fleurs. Dès que ma mère l'aperçoit, elle lui lance :

– Tourne-toi !

Marilyne se retourne et ma mère aperçoit une grande auréole dans son dos. Les journées commencent toutes sur la même tonalité, ce ne sont que reproches, coups et insultes.

Ma mère vit en recluse, elle fuit tout contact, elle ne voit personne, ne parle à personne. Dans ces conditions, elle ne se rend pas compte que ce problème doit pouvoir se résoudre simplement avec d'autres méthodes que les siennes. Jamais, elle ne demandera conseil à un médecin. Les enfants n'en voient jamais. Le seul que nous rencontrons une fois par an, c'est le médecin scolaire et cette question ne fait pas partie des sujets abordés.

Le reste du temps, mes parents trouvent Marilyne peu réactive et son manque d'enthousiasme les exaspère ; ils refusent de voir qu'ils sont seuls responsables de ce qu'ils déplorent.

Émilie a un souci avec ses yeux : elle louche. Cela les dérange. Ils ne se demandent pas si c'est gênant pour elle ou quelle solution existe pour y remédier. La seule question qui les préoccupe, c'est :

– Pourquoi une telle chose a-t-elle pu leur arriver ?

Ils ne le disent pas ouvertement mais ils sont prêts à considérer que c'est de sa faute. Leur jugement est lapidaire, avec cette différence ils la trouvent moche et ils ne se privent pas de le lui dire. Mon père ne la supporte pas et il va exercer sur elle un harcèlement permanent, ma mère se tient à distance, indifférente.

Dans cet univers déjà très sombre, je fais office de petite privilégiée. Je suis consciente des différences qu'ils font entre mes sœurs et moi et je trouve cela très injuste. Je suis petite de taille, très vive, souriante, le moindre petit détail arrive à m'amuser. Il y a déjà une constante dans leur mode de fonctionnement, il faut que tout soit vite fait, ils ne supportent pas la lenteur. Il faut se lever rapidement, se laver très vite, il faut manger encore plus vite même si les plats sont servis bouillants comme si la vitesse pouvait combler le vide de leur existence et lui donner un sens.

De leur enfance respective, ils ont gardé le goût des bonnes choses. Ils ont été habitués à ne consommer que des produits frais, les conserves sont proscrites de la maison. Mon père aime cuisiner et il cuisine bien. C'est une chose que ma mère a en horreur, elle prépare uniquement un repas quand elle est seule avec les enfants, d'une façon générale, elle ne veut rien avoir à faire pour lui.

Pris séparément, ils représentent déjà un danger potentiel, ensemble, ils sont redoutables. Ils ne se disputent jamais à propos des enfants, ils s'entendent presque comme larrons en foire à leur encontre. Les repas, moments privilégiés d'une vie familiale digne de ce nom, vont devenir un de leurs exutoires de prédilection.

Théâtre tragique où ils mettent en scène leurs instincts les plus vils. Le spectacle n'est pas encore tout à fait au point, ils sont encore au stade des répétitions mais le décor immuable est déjà planté : d'un côté ma mère, Marilyne est assise à sa gauche, ma mère est gauchère, de l'autre côté, mon père, Émilie à sa droite, mon père est droitier ; je suis seule de mon côté.

À l'entrée en maternelle, je découvre un univers que je ne soupçonnais pas. L'école de ces premières années, c'est un élan, une respiration, une ouverture sur un monde riche en couleurs. Je suis très heureuse d'aller à l'école, là au moins il n'y a pas de loi du silence, je peux parler à volonté et je suis déjà si bavarde. Je me suis fait plein de copines. À cet âge, les parents n'interviennent pas encore dans le choix de leurs enfants. Je ne manquerais un jour d'école sous aucun prétexte.

Mon père nous accompagne parfois le matin. L'école maternelle est assez loin de la maison. À cette époque, elle se trouvait de l'autre côté de la voie rapide qui existe aujourd'hui. Nous déjeunons à l'école. Ma mère vient nous chercher le soir.

Elle arrive systématiquement en retard. Chaque jour je ressens la même tension chez l'institutrice qui s'agace d'avoir à l'attendre, les yeux rivés sur sa montre. Quand ma mère arrive enfin, elles se toisent du regard mais elles n'échangent aucune parole. J'ai l'impression d'être un paquet que l'on se passe de main en main, à toute vitesse.

Je connais le chemin par cœur et j'aimerais autant rentrer seule plutôt que de revivre chaque jour la même scène. Nous marchons d'un pas vif, en silence. Ma mère jette de tous côtés ses regards inquiets comme si elle tentait d'échapper à des milliers de regards invisibles qui nous poursuivent dans notre fuite…

Pourtant, devant nous les rues sont désertes, parents et enfants sont déjà rentrés chez eux.

Plus je dois marcher vite, plus je me bats avec ces petites culottes récalcitrantes aux élastiques trop lâches qu'il faut remonter sans répit. J'ai hérité des vêtements de Marilyne mais ils sont bien trop grands pour moi.

Avec un pantalon je n'aurais pas eu ce souci mais, ma mère a horreur des pantalons, donc nous n'avons pas le droit d'en porter, quelle que soit la température extérieure.

Mes parents sont extrêmement minutieux, ils prennent grand soin de leurs affaires. Ma mère est très féminine, très classique dans sa façon de s'habiller, par contre l'apparence de ses filles ne l'intéresse nullement et elle n'y porte aucun soin particulier, nous sommes habillées en fonction de l'humeur du jour.

Elle suit son idée sans tenir compte des saisons. En plein hiver, il nous arrive de porter des affaires d'été. Trop petit ou trop grand, court ou long, tout cela l'indiffère. Nous n'avons pas notre mot à dire, le choix de ce que nous portons est un moyen d'exercer son pouvoir et l'harmonie est le cadet de ses soucis.

En attendant ma mère à la sortie de l'école, j'ai tout loisir de contempler parents et enfants, chaque détail m'intéresse. J'écoute les parents discuter entre eux ou avec la maîtresse. Je sais déjà à quel point nous vivons différemment. Je croise quelques regards qui s'attardent à la dérobée sur une petite fille assise sur son banc toujours à la même place.

Je les retrouve souvent au petit parc que tiennent mes grands parents paternels. J'aime bien aller les voir, nous profitons des manèges, il peut arriver le mercredi que ma mère nous laisse passer l'après-midi chez eux. Parfois elle reste un moment avec nous, une fois et c'est pour cela que je m'en souviens, elle a même pensé à apporter un goûter composé de sandwichs au beurre et à la confiture qu'elle a préparés elle-même.

Belle-mère et belle-fille ne s'apprécient guère mais elles se rencontrent tout de même régulièrement. Ma grand-mère aime les choses de qualité et elle a très bon goût. À Noël, elle nous offre le même jouet dans des coloris différents pour que chacune puisse identifier facilement le sien. À Pâques, elle nous donne des chocolats. Ma mère est restée en froid avec sa mère. Rien n'est parvenu à les rapprocher ni la proximité, elles habitent à quelques dizaines de mètres l'une de l'autre, ni des enfants pratiquement du même âge. Quand ma mère a accouché de Marilyne, sa plus jeune sœur avait à peine deux ans. J'ai juste quelques souvenirs de cette grand-mère. Je revois une maison très propre avec de beaux meubles, je me souviens de l'odeur des confitures et des gâteaux. Elle était très attentive au moindre détail. Elle nous mettait des rubans dans les cheveux, de jolis rubans bien repassés. Mon grand-père vient souvent voir ma mère. Si nous sommes là, il reste juste quelques instants, il n'a rien à dire à part le traditionnel :

– Ça va ma fille ?

Presque sans un mot, il repart. Nous ne l'aimons pas, il a toujours l'air sombre, il nous fait peur.

Notre vie est imprévisible, elle varie en fonction de l'état de ma mère. Elle traverse en alternance des phases dépressives ou de brusques accès de colère au cours desquels elle ne se contrôle plus. Les crises l'épuisent, il lui faut souvent plus d'une journée pour qu'elle arrive à retrouver son calme. Nous faisons de notre mieux pour ne pas la contrarier et qu'elle ne crie pas, ses hurlements nous tétanisent. Nous avons bien du mal à trouver la bonne attitude. Quand elle est calme, elle est amère, elle regrette sa vie d'avant, elle n'est pas heureuse, tout l'ennuie. Il faut dire qu'elle n'a aucune activité, aucun centre d'intérêts. Elle peut rester assise sur sa chaise pendant des heures entières sans rien faire. La télévision l'occupe mais elle ne la fait plus rêver. Ils font rapidement le vide autour d'eux. Elle ne supporte rien, ni personne, elle est toujours sur le qui-vive, elle se méfie de tout le monde. Tout est prétexte à faire une scène, un regard qui la dérange, une belle-sœur au décolleté trop provocant à son goût. Qui pourrait avoir envie de supporter ses crises ? Des objets identifiés commencent à voler au-dessus de nos têtes, ils terminent leur course en s'écrasant à terre ou contre un mur. Sa jalousie se manifeste dans le moindre détail. Quand elle s'en prend aux disques de mon père, elle les trie avec précaution, elle casse ses disques préférés et, plus volontiers les disques des chanteuses que ceux des chanteurs.

Une des rares personnes qui viennent nous voir régulièrement et que nous aimons beaucoup, c'est Paul, un des frères de mon père. Il attire beaucoup ma mère et elle ne s'en cache pas :

– Ah si j'avais d'abord rencontré Paul, j'aurais été plus heureuse !

Mon père en est très malheureux mais il ne dit rien. Paul est célibataire. Parfois il m'emmène un après-midi, il n'est pas habitué à s'occuper d'enfants, il est un peu maladroit mais toujours très gentil, avec lui je me sens bien, son attitude n'est jamais équivoque.

Mes parents se disputent presque toujours pour la même raison, le manque d'argent. Ils n'arrivent pas à définir leurs priorités et ils ont déjà bien du mal à tenir leur budget ce qui n'empêche pas mon père de vouloir dîner au restaurant. Pour nous bien sûr, c'est une grande sortie. Comme nous n'avons pas le téléphone, mon père va chez un voisin pour appeler un taxi. C'est souvent une Mercedes qui vient nous chercher. Je ne suis pas habituée à voyager en voiture et j'ai tout de suite mal au cœur. Ces quelques kilomètres entre la maison et le restaurant sont une véritable corvée. Nous allons toujours au même endroit. Nous n'avons pas l'habitude de manger autant et c'est vraiment jeter l'argent par les fenêtres. Suivant l'atmosphère du moment, parfois rien ne passe ; nous appréhendons les jours qui suivent. Si je peux, je choisis le menu qui me plaît. Mes parents aiment que nous prenions le même dessert qu'eux, une pêche-melba. Je n'aime pas ce dessert mais cela leur fait tellement plaisir que je n'ose pas les contredire. J'y goûte à peine, c'est un véritable gâchis mais ces moments de plaisirs partagés sont tellement rares, je ne veux surtout pas rompre le charme. Aller au restaurant une fois par mois, c'est déjà beaucoup trop mais mon père veut sortir plus souvent. Nous y allons parfois jusqu'à trois fois ce qui est une pure folie. Ma mère essaie de raisonner mon père, elle voudrait qu'il accepte enfin que nos moyens ne nous permettent pas des dépenses inconsidérées mais il ne veut rien entendre. Dès qu'il n'arrive plus à dominer la situation, il perd pied. Il ne réfléchit plus, il frappe alors la plupart du temps elle cède. Si elle résiste, la soirée s'annonce très mal. Le dîner est expédié au milieu de leurs vociférations quand il ne se termine pas en bataille rangée à coup de casserole ou à l'aide de tout ustensile qui leur tombe sous la main.

L'été, nous ne partons pas en vacances. Ils prennent l'habitude d'aller à Dieppe une fois tous les quinze jours. Ce devrait être une fête de passer un moment au bord de la mer mais ces week-ends sont un véritable cauchemar. Ils font partie des rituels qu'ils s'inventent. Chaque fois se déroule le même scénario. Ils ne préparent jamais rien à l'avance. À la minute où ils décident de partir, le signal est donné et nous nous mettons aussitôt en mouvement. Ils agissent comme des automates programmés pour effectuer toujours le même parcours. Peu importe la façon dont nous sommes habillées, si nous sommes en T-shirt, il ne leur vient pas à l'esprit d'emporter un pull ou au moins une couverture pour la nuit. Ils ne veulent pas se charger, nous n'emportons ni eau ni provisions. Ces voyages commencent par un long trajet à pied jusqu'à la gare de Rouen distante de plus de trois kilomètres. Si nous arrivons trop tard pour prendre un train le soir, nous dormons sur un banc pour être sur place pour le premier train du matin. C'est déjà une première nuit très inconfortable.

Arrivés à Dieppe, nous déambulons la journée entière sur la route du bord de mer de terrasse de café en terrasse de café où nous stationnons pendant des heures. Ma mère reste des heures à fixer l'horizon, elle attend le bateau miracle qui viendra la chercher pour l'emmener au pays où tous ses rêves se réaliseront. En fin d'après-midi, quand les gens quittent la plage, l'heure est venue d'assurer la relève car nous y passons notre deuxième nuit de mauvais sommeil. Dieppe, sa plage et ses galets, les plages de sable ne manquent pourtant pas sur la Manche. Nous installons notre camp de fortune le long d'un muret pour nous abriter un peu du vent. Nous dormons blottis les uns contre les autres. Les nuits sont très fraîches, même froides. Au petit matin, les visages fatigués, les cheveux en bataille, nous allons dans un café pour faire un brin de toilette et surtout prendre un chocolat bien chaud. Nous restons à nouveau deux à trois heures devant nos tasses vides ce qui ne manque pas d'attirer l'attention des serveurs qui observent sans retenue ce couple et ces enfants qui montrent quelques signes d'exaspération, aux sons plus ou moins modulés des "tiens-toi tranquille" qui alternent avec les "tiens-toi droite". S'ils leur arrivent de rester une journée sur la plage, il n'est pas question pour autant de se baigner, nous n'avons même pas un ballon pour jouer. Un jour Marilyne a trouvé une étoile de mer. Elle en a peur et elle demande :

– Qu'est-ce que c'est ?

Mon père l'oblige à la prendre dans ses mains.

– Maintenant tu la gardes et tu ne la lâches plus.

Elle est restée ainsi avec l'étoile de mer presque tout l'après-midi, assise sur un banc elle pleurait. Mon père a fini par la lui arracher des mains, il a éclaté l'étoile de mer contre un mur. Nous préférons nos journées au centre aéré, elles sont riches en activités et nous sommes au calme loin de la maison, un véritable moment de détente. Nous y allons uniquement quand ils retirent des tickets gratuits en mairie, cela dépend donc de leur bon vouloir.

Mon père n'arrive pas à se fixer dans un travail. Ses changements multiples le conduisent à s'éloigner de plus en plus de la maison, suffisamment pour ne plus y vivre en permanence, il ne revient qu'en fin de semaine. Ma mère se retrouve seule avec ses filles. Depuis que nous allons toutes les trois à l'école, ma mère peut disposer de plus de temps pour se détendre, elle devrait être plus calme mais elle étouffe à la maison, elle a besoin de s'échapper. Nos absences quotidiennes ne lui suffisent plus, elle commence à sortir quand nous sommes également à la maison. La première fois, elle est partie un après-midi entier, elle nous a enfermées à clés dans notre chambre. Avant de quitter la maison, elle a jeté à même le sol une poignée de boules de chewing-gum pour nous occuper, elle est surtout partie sans nous laisser d'eau et les toilettes sont en bas. L'après-midi nous paraît interminable. Nous ouvrons la fenêtre pour essayer de trouver un moyen de sortir mais c'est trop haut et nous ne voulons pas risquer d'attirer l'attention des voisins et montrer que nous sommes seules. Son humeur est extrêmement changeante et nous ne savons jamais ce que réserve la minute qui suit. Un calme apparent est tout aussi inquiétant qu'une grande colère.

Une fin de journée avec surprise nous la voyons prendre le temps de remplir la baignoire presque à rabors pour nous faire prendre un bain ce qui n'arrive jamais, les toilettes sont généralement vite expédiées. Ravies de cette soudaine initiative, nous entrons dans la baignoire, nous allons pouvoir en profiter un peu. Le jeu ne dure pas longtemps, elle commence tour à tour à nous enfoncer la tête sous l'eau, de plus en plus vite et de plus en plus longtemps. Au milieu des cris et des pleurs, Paul arrive à l'improviste :

– Mais qu'est-ce que tu fais ? Tu es complètement folle !

– … C'est rien du tout ! Je suis très énervée ! Je voulais seulement leur faire peur… !

Mission réussie pour Marilyne, elle n'est jamais arrivée à dominer sa peur de l'eau. Elle est en primaire, elle va régulièrement à la piscine avec l'école. Elle se met en tenue mais elle reste sur le rebord de la piscine, elle invente n'importe quel prétexte pour ne pas avoir à entrer dans l'eau. C'est une élève sage qui apprend sans problème. Cette modification dans son comportement ne suscite aucun commentaire à l'école. Une réaction de l'école impliquerait une démarche, il faudrait écrire un mot à la famille, les faire venir... L'école maternelle est le seul établissement scolaire à avoir vu ma mère en chair et en os. Dossier ou bouche à oreille, personne ne semble prêt à tenter l'expérience d'une telle rencontre. À défaut de solution idéale, on n'en choisit aucune. Paul aussi s'est tu. L'histoire ne connut donc aucune suite. Les premiers échos de nos cris se sont évanouis contre le mur du silence.

Les seuls échos qui soient parvenus jusqu'à mon père, portent sur la vie de ma mère quand il est absent, il ne veut pas risquer de la perdre, il se décide à revenir travailler plus près de chez nous. Il trouve un emploi dans une imprimerie à Rouen, je crois que c'est dans cette entreprise qu'il est resté le plus longtemps. Il rapporte à la maison des petites pinces qui servent à maintenir les feuilles pendant le temps de leur séchage. Elles sont en plastique de toutes les couleurs. J'aime bien jouer avec ces pinces, elles portent le logo de l'imprimerie, c'est pour moi une preuve que mon père travaille et j'ai enfin une raison d'être fière de lui.

Ma mère est nettement moins enthousiaste, elle se montre de plus en plus distante avec lui. Ses critiques se font plus acerbes. Il ne s'agit plus uniquement du manque d'argent mais également de son manque d'ardeur, voire de son impuissance, la présence des enfants ne la dérange pas pour faire ses commentaires. La plupart du temps, il reste silencieux mais il est encore capable de réactions très violentes. Une fois il l'a frappée au visage avec une de ses chaussures de sécurité et il lui a ouvert la lèvre. Il n'a jamais été bavard mais il se replie de plus en plus dans un profond silence.

Un soir d'été où Paul est venu les voir, ils sont installés tous les trois dans la petite courette, ils prennent l'apéritif, nous jouons sur le trottoir à l'arrière de la maison. Ma mère en présence de Paul est toujours de bonne humeur. Mon père se lève, sans un mot il rentre dans la maison ; elle poursuit sa conversation avec Paul sans y attacher d'importance. Quelques minutes plus tard, ma mère réalise que mon père n'est toujours pas revenu, elle l'appelle, il ne répond pas. Elle part à sa recherche, personne au rez-de-chaussée, elle monte à l'étage, personne dans les deux chambres, la maison est trop petite pour se cacher. Il ne reste plus que le grenier, elle monte les quelques marches. Au premier hurlement, Paul se précipite et nous le suivons aussi vite que nous pouvons. Ni Paul, ni ma mère ne nous interdisent d'entrer dans la pièce et nous découvrons mon père : il s'est pendu à la poutre du grenier ; nous restons pétrifiées par ce spectacle. Paul est costaud, il arrive à le libérer de sa corde, il l'allonge à même le sol. Seule, ma mère n'aurait rien pu faire et ce n'est pas nous qui aurions pu l'aider. Ma mère a l'air perdu, soudain profondément triste, elle pleure. Elle crie plutôt qu'elle ne lui parle et elle ne cesse de répéter :

– Mais pourquoi t'as fait ça ?

La question reste sans réponse. Il ne prononce aucune parole et il n'en parlera jamais.

A-t-il vraiment souhaité en finir ou simplement tirer la sonnette d'alarme, lui rappeler qu'il existe, il est impossible de répondre. Sentiment terrible mais je me suis souvent demandé s'il ne valait pas mieux pour lui que la route s'arrête ce jour-là. Ce sera une tentative unique, jamais il n'a recommencé. Pourtant cet événement est un tournant dans notre descente aux enfers, il est entré dans une logique de renoncement, indifférent à sa vie et à celle de son entourage. Il a fini de se battre pour la garder à tout prix.

Le grenier est au-dessus de notre chambre, c'est un lieu que nous n'aimions pas. La nuit, le bruit du plancher qui craque nous faisait peur. Le souvenir de mon père pendu à la poutre va transformer notre inquiétude en un sentiment de menace permanente au-dessus de nos têtes. Nous ne nous sentons en sécurité nulle part dans la maison. Ce grenier n'a jamais servi à rien, mon père y conservait paraît-il des papiers personnels. Mes parents auraient pu aménager cet espace en salle de jeu ou en troisième chambre mais la pièce est restée à l'abandon. Il nous était strictement interdit d'y monter. Ils s'éloignent chaque jour un peu plus l'un de l'autre et leurs problèmes n'ont aucune chance d'évoluer favorablement.

Je suis à l'école, j'attends sagement dans mon coin, absorbée par la contemplation des allers et venues de la sortie quand devant moi, je vois se dresser la haute silhouette de mon père. Le visage est sombre. Seule la maîtresse a esquissé un sourire, aujourd'hui, elle va pouvoir partir à l'heure. J'attends d'être dans la rue :

– Où est maman, pourquoi tu es venu nous chercher ?

Il ne répond pas. Il marche vite, j'ai du mal à suivre son allure. Je n'aime pas qu'il me tienne la main, une main toujours moite. Je me sens prisonnière. Quand nous arrivons à proximité de la maison, nous apercevons Marilyne devant la porte. Elle nous voit arriver tous les trois, elle ne pose pas de question, elle a déjà compris. En pénétrant dans la maison, mon père se contente de dire rapidement :

– Votre mère n'est pas là.

Il ne semble pas disposer à en dire davantage. Nous montons dans notre chambre. Comme chaque soir, il a préparé le repas. Il nous regarde manger mais il ne prend rien. Il fume, ses mains tremblent un peu. À la fin du repas, il finit par rompre le silence :

– Votre mère est partie mais elle va revenir bientôt.

Pour ce premier soir, il n'en dira pas davantage, le regard n'invite pas à poser d'autres questions. Nous nous installons dans notre nouvelle vie. Il est vrai que la maison est devenue étrangement silencieuse mais c'est un calme lourd, étouffant. Ma mère est difficile à vivre mais je préfère tout de même quand elle est là.

Mon père est un personnage sombre, inquiétant, il ne sourit jamais, l'ai-je jamais entendu rire ? Il m'effraie ou il me fait pitié. Je n'arrive jamais à dissiper le profond malaise que j'éprouve en sa présence. Je me pose beaucoup de questions que je n'ose pas exprimer. Il arrive que ma mère passe dans la journée prendre des affaires. Mon père nous dit le soir :

– Votre mère est venue aujourd'hui, elle a dit qu'elle allait revenir bientôt.

Marilyne a sept ans et elle aide déjà beaucoup. Les enfants vont progressivement prendre en charge l'ensemble des travaux de la maison, d'abord en l'absence de ma mère et puis même en sa présence, elle se contentera de donner des ordres, nous exécuterons. Je ne me souviens pas exactement quand elle est revenue mais à Noël elle était présente. Marilyne et moi sommes clouées au lit avec la rougeole. La journée est longue et triste. Ma mère monte régulièrement nous voir dans notre chambre. Elle ouvre la porte, elle se contente de nous regarder et sans un mot elle redescend.

En janvier, quand nous avons repris l'école, elle a repris ses allers et venues. Elle vient, elle repart. Nous ne savons jamais de quoi le lendemain sera fait. Au fil du temps, mon père a bien du mal à passer ses soirées seul. Parfois il a bu et nous le trouvons encore plus inquiétant. À jeun, il s'enferme dans son silence, quand il a bu, on ne peut plus l'arrêter. Nous qui ne pouvons commettre aucun écart de langage, nous sommes sidérées de l'entendre dire :

– Elle est encore partie traîner son cul ! On est bien tranquille sans elle, on peut enfin manger en silence !

Il envoie Émilie se coucher. Il nous fait asseoir toutes les deux, côte à côte, il se tient face à nous de l'autre côté de la table, il peut nous parler pendant des heures et nous sommes obligées de l'écouter.

Au printemps ma mère est revenue à la maison et elle est restée. Mon père a l'air soulagé qu'elle soit de retour. Les premiers jours, tout s'est bien passé, elle a été calme et gentille mais cela n'a pas duré longtemps. Au début nous n'y avons pas prêté attention mais nous avons fini par réaliser qu'elle est enceinte. C'est un sujet dont ils ne parlent pas, du moins devant nous.

Sébastien est né au mois de juin 1974. Ma mère est ravie que ce soit enfin un garçon, mon père aussi. Sébastien est très mignon mais c'est un enfant vif et très nerveux qui ne va pas se laisser régenter aussi facilement que ses sœurs.

À notre grande joie c'est une année sans voyages à Dieppe. De temps en temps, nous profitons du centre aéré. L'espace d'un été, ils deviennent raisonnables. Ils ont décidé de faire attention à leurs dépenses et grand événement, ils achètent une machine à laver le linge, neuve de surcroît ! C'est bien la seule chose neuve qui soit jamais entrée dans la maison. La salle de bains est le seul endroit où il est possible de l'installer à condition de faire un choix : baignoire ou machine à laver ; objet de sinistre mémoire, sans regret nous voyons disparaître la baignoire qui laisse la place libre à cette fée du logis. Les fils pour faire sécher le linge sont fixés entre deux poteaux sur le trottoir à l'arrière de la maison. Quand mon père les a installés, il les a fixés à sa hauteur mais ce n'est pas lui qui étend le linge. Nous sommes obligées de monter sur un tabouret pour les atteindre… Il faut croire qu'une fois en place, ils le sont pour l'éternité, il ne lui vient pas à l'esprit de les abaisser pour les mettre à notre portée.

Le répit a été de courte durée. À l'automne, mon père tombe malade, il tousse beaucoup et son état ne s'améliore pas. Il n'était déjà pas gros mais il a terriblement fondu. À l'hôpital, les médecins diagnostiquent une tuberculose. Nous comprenons que c'est très sérieux quand nous sommes tous convoqués pour passer une radiographie de contrôle ; les résultats sont négatifs. En l'espace de quelques mois le décor a changé, nous sommes désormais seuls avec ma mère. Marilyne prépare les repas et elle fait la vaisselle. Je range et je fais un peu de ménage, j'aide Marilyne pour faire les courses. Nous allons au plus près de la maison. Il y a un petit supermarché dans une rue voisine.

Ma mère a une qualité, elle n'est pas dépensière, le budget est serré mais nous avons de quoi assurer des repas tous les jours. Sa mère ne se déplace pas mais elle envoie une des jeunes sœurs de ma mère apporter quelques provisions. Mon père est resté hospitalisé un long moment. Déclaré guéri, son état de santé reste fragile, il ne peut plus faire d'efforts physiques prolongés, il se fatigue très vite. Cela ne l'empêche pas de continuer à fumer, et même je crois qu'il fume encore davantage. Mon père a trente ans. Il ne va plus jamais retravailler. Il aurait pu essayer de changer d'activité, apprendre un métier, il a la capacité de le faire. Comme on ne lui propose rien, de lui-même il ne fera jamais aucune démarche en ce sens. Nous sommes six à la maison. Nos ressources se composent désormais d'une pension d'invalidité versée à mon père suite à sa maladie et des allocations familiales. Des parents soucieux de leurs responsabilités auraient pu gérer les revenus de la famille pour assurer l'essentiel et que personne ne manque de rien mais raison et bon sens ne font pas partie de leur vocabulaire.

À l'école, nous avons eu une fête pour Noël. Nous avons chacun reçu un paquet de friandises et un jouet. Pour les filles, c'est une poupée style Barbie, cela ne me plaît pas du tout et je la refuse. Au centre de la pièce où nous étions réunis, il y avait des jouets plus conséquents : des vélos par exemple. La maîtresse m'a expliqué que ces jouets étaient destinés à la collectivité et qu'ils ne pouvaient être utilisés qu'à l'école. J'éprouve un terrible sentiment de frustration, pire une forme d'injustice. Je sais que mes camarades vont être gâtés par leurs parents mais à la maison nous n'aurons rien. Je me souviens de ce jour comme si c'était hier. Assise à même le sol, les yeux rivés sur ces jouets que je ne pouvais avoir. Cette journée a été déterminante. J'ai très vite laissé derrière moi ce petit coup de déprime. J'ai compris que si je voulais un jour obtenir ce que je voulais, il allait falloir se battre pour y parvenir. Je vais avoir six ans et j'ai la chance de réaliser très tôt que je ne peux compter que sur moi-même.

Je porte sur mes parents un regard incrédule mais ils ne sont pas une illusion, ils existent vraiment et il est clair qu'il n'y a pas grand chose à attendre d'eux. Le caractère est déjà bien trempé, je suis déterminée à dire ce que je pense et ce que j'espère, j'aime les jolies choses. Pour le moment la marge de manœuvre est limitée mais en étant polie et souriante, je me rends bien compte que j'arrive à obtenir plus facilement ce que je veux. J'accepte de faire preuve de patience mais il est hors de question que je me résigne à un avenir sans espoir. Je me suis confiée une mission : grandir, et du mieux que je pourrais pour atteindre cet eldorado que j'appelle de tous mes vœux : avoir dix-huit ans et vivre ma vie que je veux belle et riante, je n'imagine pas un instant qu'il puisse en être autrement, mon tour viendra.

Il y a un salon de coiffure dans le quartier. C'est une vitrine qui me fascine. Un jour, ce fut comme un déclic en regardant ce qui se passait à l'intérieur, j'ai trouvé mon idée. Quand je serai grande, j'apprendrai la coiffure ! Je ne sais vraiment pas comment j'y arriverai mais je suis déterminée à franchir tous les obstacles pour y parvenir. À la maison, ils se sont moqués de mes idées que j'étais très fière de leur soumettre mais je passe outre, cela me conforte encore davantage dans mon choix, ils verront bien. La plupart des parents désirent que leurs enfants connaissent un sort plus enviable que le leur et ils y consacrent tous leurs efforts. Mes parents n'ont aucun projet pour eux et ils ont fait de notre avenir un parcours déjà fléché, école ménagère, au mieux femme de ménage, au pire direction misère. Tout autre objectif n'est qu'illusion ou prétention.

Apprentissages

Première année en primaire, je vais seule à l'école avec Marilyne, l'école est maintenant près de la maison. J'étais déjà très bavarde, je le suis restée. Un matin, la maîtresse m'a collé un morceau de scotch sur la bouche jusqu'à la fin de la matinée. Une fois retiré, le contour de mes lèvres était rempli de boutons rouges. L'institutrice ignorait qu'il nous était interdit de parler à la maison et que je compensais à l'école. Je sais que mes bavardages incessants devaient être pénibles à supporter mais elle n'a jamais fait beaucoup d'efforts pour essayer de comprendre. Il y a pourtant des signes qui ne trompent pas, même si j'étais une petite fille très vivante, il y avait une profonde tristesse que j'essayais de masquer par des sourires. Elle avait carte blanche avec moi, ma mère ne venait jamais à l'école et elle n'a jamais demandé à la voir. J'imagine que si l'occasion s'était présentée ou si elle l'avait suscitée, elle aurait compris bien des choses. Elle me prenait en pitié ce que je trouvais insupportable, elle le faisait sans discrétion. Je n'aimais pas son habitude de me détailler des pieds à la tête, j'étais mal habillée mais ce n'était pas utile de me le rappeler au moindre regard. Aux récréations quand elle parlait de moi à une autre institutrice, c'était toujours les mêmes mots qui revenaient :

– Oh la pauvre !

C'est une expression que j'ai toujours eue en horreur, je l'ai entendue si souvent. Que faire de la pitié des autres, elle ne grandit personne. Je ne retenais rien. Elle m'avait placée au premier rang juste à côté de son bureau et au lieu de me mettre en confiance, cela provoquait une peur panique. La moindre faute était tout de suite visible. Pour éviter de commettre une erreur, je préférais ne rien écrire. À l'origine de cette réaction, la gifle magistrale que ma mère m'avait donnée parce que dès le début de l'année je n'arrivais pas à lire. Aujourd'hui encore, rien que d'évoquer cette scène, je peux ressentir la douleur sur le côté droit de mon visage. La peine est aggravée par un sentiment de profonde injustice. Je sais que ma mère ne sait pas lire, je trouve sa colère encore plus révoltante. Marilyne essaye de m'aider. Très vindicative, ma mère lui dit :

– Ne t'arrête pas, tu continues jusqu'à tant qu'elle y arrive !

Mes yeux sont tellement remplis de larmes que je ne vois rien. Marilyne essaie de me consoler comme elle peut, même avec un gros effort, je n'y parviens pas. Marilyne n'a rencontré aucune difficulté pour apprendre à lire et ma mère qui ne l'aime pas, n'arrive pas à admettre que j'échoue là où Marilyne a réussi. En voyant l'énorme bleu que j'ai sur le visage, elle me donne une pièce en me demandant de ne rien dire à mon père. Je garde le silence. À compter de ce jour, j'ai fait une certaine forme de rejet pour apprendre à lire et à écrire. Quand ma mère se met en colère, c'est toujours hors de proportions. Les conséquences sont immédiates, avec Marilyne c'est la peur de l'eau, pour moi c'est la lecture et l'écriture.

Mes grands-parents maternels déménagent, ils quittent le Petit Quevilly, ma grand-mère vient d'hériter de la maison de ses parents située à une cinquantaine de kilomètres de Rouen. C'est un grand changement dans la vie de ma mère, elle ne reverra plus jamais son père. À ses visites, vont se substituer celles de ses frères, Henri et Claude. Nous ne gagnons pas au change, au moins mon grand-père ne s'intéressait qu'à sa fille. Depuis que mon père ne travaille plus, il s'est installé dans sa nouvelle vie. Avec toutes ces bouches à nourrir, ma mère ne supporte pas de le voir passer toutes ses matinées au lit sans essayer de trouver une solution pour améliorer l'ordinaire. Chaque matin avant de partir à l'école, une de nous va lui acheter son journal et son premier paquet de cigarettes. Quand c'est mon tour, je préfère avoir des poches pour mettre le paquet à l'abri des regards indiscrets, les voisins suivent de près la façon dont mes parents dépensent leur argent, ils ne leur disent rien directement, c'est plus facile au passage des enfants. Mon père se plonge ensuite dans sa première tâche du matin qui consiste en une lecture détaillée du quotidien régional. Ma mère lit difficilement, elle ne s'intéresse qu'à une seule rubrique, les annonces nécrologiques. Quand on connaît son comportement au quotidien, ses réactions sont stupéfiantes : l'annonce du décès d'un enfant l'attriste profondément ou elle pleure la mort des vedettes.

Pour se donner du courage et affronter ma mère, mon père n'a trouvé qu'un seul remède, il s'est mis à boire, ce n'est plus un phénomène occasionnel et, plus la situation s'aggrave, plus il boit. Chaque jour, il a le même emploi du temps, il quitte la maison en début d'après-midi et il ne revient que vers dix-neuf heures après un après-midi passé dans les bars. Je ne peux m'empêcher d'examiner son regard. Je peux deviner la quantité d'alcool ingurgitée. Ses yeux sont transparents, des yeux qui regardent sans voir un peu plus chaque jour. Quand il a trop bu la veille, le matin il nous demande l'heure constamment, le temps est une véritable obsession. Il veut boire du délice orange ou citron que nous allons acheter à l'épicerie mais il nous est interdit d'en boire. Comme tous les enfants, nous adorons les boissons sucrées et gazeuses. Il faut saisir l'instant qui passe, Marilyne et moi en buvons quelques gorgées et de retour à la maison nous ajoutons de l'eau pour compenser le manque de liquide. Chaque fois que nous nous permettons cela, mon père croit que la bouteille est éventée et il nous renvoie à l'épicerie ; l'épicière est agacée par notre retour mais je dois dire qu'elle a remplacé la bouteille pratiquement à chaque fois.

J'ai des difficultés avec la lecture mais je n'ai pas de souci en calcul, je compte déjà très bien. J'essaie de sauver quelques sous ici ou là. À la maison, nous ne parlons pas de la petite souris mais mes parents nous ont promis une pièce pour chaque dent perdue. J'ai deux dents qui bougent. Avec la complicité d'un carembar et d'une souris en chocolat, je suis venue à bout des deux en même temps.

Ma mère ne va jamais au marché avec mon père, il y va seul ou bien je l'accompagne. Les courses sont un motif de querelle supplémentaire. Ma mère a une seule exigence, elle lui demande de rapporter peu de choses mais des produits de qualité. Il a toujours besoin de plus d'argent, il achète de plus en plus au rabais. Il est pathétique dans ses tentatives de dissimulation des prix. Je le vois éviter les commerçants qui marquent le prix au milieu du papier d'emballage, il leur préfère ceux qui en font mention discrètement dans un angle qu'il pourra discrètement découper. Ma mère n'a pas besoin de voir le prix, un simple examen du contenu des sacs lui permet de se faire une idée précise, le résultat est immédiat : scène garantie.

Le jour où ma mère a fait sa première crise d'épilepsie, heureusement mon père était là, c'est déjà très impressionnant pour des adultes, nous sommes très jeunes et nous n'avons jamais entendu parler de tels phénomènes. Nous partons en courant chez les voisins pour appeler les secours. Une ambulance est venue la chercher rapidement. Mon père l'a accompagnée à l'hôpital. Nous sommes très secouées par ce que nous avons vu, personne n'a pris le temps de nous expliquer. Mon père est parti sans un mot. Nous savons nous débrouiller à la maison mais nous éprouvons un grand sentiment de solitude. Les curieux étaient nombreux à l'arrivée et au départ de l'ambulance, ensuite ils sont tous rentrés chez eux. Personne n'a demandé si nous avions besoin de quelque chose.

Pendant l'absence de ma mère, mon père qui ne travaille pas, oblige Marilyne à rester les après-midi à la maison pour s'occuper de Sébastien, il ne supporte pas de passer une journée entière sans pouvoir sortir. Le centre hospitalier où ma mère a été admise, est très loin de la maison. Nous sommes rarement allés la voir, les transports coûtent chers. Quand elle sort de l'hôpital, elle revient avec un véritable arsenal de médicaments, on se croirait dans l'arrière boutique d'une officine. Comment va-t-elle pouvoir gérer tout ce que les médecins lui ont donné ? À chacun de ses passages à la maternité, on lui a prescrit des contraceptifs mais elle n'est jamais arrivée à prendre correctement la pilule. Marilyne essaie bien de l'aider :

– Maman, fais attention, il faut que tu les prennes dans l'ordre. Tu vois bien que ce cachet doit être pris vendredi et nous sommes mardi.

Rien n'y fait, elle peut rester plusieurs jours sans prendre la pilule ou bien elle va en prendre plusieurs à la fois. La famille est à nouveau au complet. Mes parents reprennent leur rythme de vie et leurs sorties nocturnes. Ma mère ne témoigne aucune reconnaissance envers Marilyne pour tout ce qu'elle fait dans la maison, elle ne manque jamais une occasion de la mettre mal à l'aise. Un soir, elle nous a habillées toutes les deux avec les mêmes robes confectionnées par ma grand-mère des années auparavant, robes faites au crochet en coton jaune et marron. Elles comportent surtout plus de trous que de coton et elles sont très courtes. Sur moi qui suis petite de taille c'est plutôt rigolo, pour Marilyne presque à l'âge de l'adolescence, c'est très dur. J'essaie désespérément de la faire rire pour éviter de voir ses yeux se remplir de larmes.

Ces soirées au restaurant ne sont pas une garantie de sérénité, ma mère est capable de faire des scènes terribles. Quand elle est de mauvaise humeur, il ne faut pas grand chose pour qu'elle se mette en colère. Si le regard de mon père semble s'attarder un peu trop sur une autre femme à une table voisine, elle lui jette un verre d'eau à la figure et les insultes fusent, c'est un véritable feu d'artifice. Quant elle est dans cet état, elle touche à peine à son assiette.

Tous les clients ont leurs regards rivés sur nous. Le patron et le personnel du restaurant nous regardent consternés. Ils n'interviennent pas, ils ont pris l'habitude des scènes de ma mère, ils se contentent de nous placer à une table un peu en retrait. Au rythme de nos visites, ils considèrent mes parents comme de bons clients. Le repas achevé, nos soirées se poursuivent souvent dans un bar où nous somnolons devant un diabolo menthe. Nous ne sommes pas à Dieppe, ici mon père est bien connu des clients et du patron. Ils essaient d'attirer son attention sur l'heure tardive, en plaisantant ils s'adressent à nous :

– Alors les enfants, il n'y a pas école demain ?

Comme mon père ne réagit pas, les remarques se font plus directes :

– Jean, il est temps que tu rentres, les gosses sont fatigués.

De retour à la maison, il ne reste que quelques heures de sommeil avant de partir pour l'école. Je dois lutter pour ne pas m'endormir en classe, je n'arrive pas toujours à résister. Ces sorties ont des conséquences catastrophiques sur notre alimentation qui est irrégulière et déséquilibrée. Le schéma est le même chaque mois : la première semaine, ils achètent presque trop, la deuxième semaine les menus s'allègent considérablement, la troisième semaine, nous sommes à la diète et les derniers jours, nos menus sont quasiment inexistants, nous pouvons même rester plusieurs jours sans manger. Quant ils perçoivent le montant des allocations familiales, on a l'impression qu'ils gèrent le montant perçu comme de l'argent de poche. C'est le facteur qui effectue le versement, il arrive souvent en fin de matinée, trop tard pour le déjeuner. Quand nous arrivons de l'école, la table est vide puisque ma mère ne fait aucune course et que mon père n'est pas encore sorti. Ma mère nous donne carrément un billet de cent francs pour célébrer ce moment, royale, elle déclare :

– Allez acheter ce qu'il faut.

Nous n'avons pas le temps de faire des courses pour préparer un vrai repas avant de repartir à l'école. Nous achetons des sucreries, nous nous gavons de bonbons que nous avons bien du mal à digérer. Après plusieurs jours sans manger à notre faim, ce soudain apport en sucre provoque des maux d'estomac, proche de l'étourdissement. Cette gestion hasardeuse du budget familial génère des réactions en chaîne et chaque étape successive nous précipite un peu plus dans un engrenage infernal. Un matin sans autre commentaire, ils nous ont dit :

– Il n'y a pas d'eau.

Incapables d'assurer en priorité les besoins de première nécessité, entre l'eau et l'électricité, ils avaient choisi l'électricité, pas de façon permanente, une facture sur deux. Ils n'ont pas envisagé de se priver définitivement de leur chère télévision et de leurs chers disques, c'est au-dessus de leurs forces. Il y a une pompe à eau à environ six cent mètres de la maison. Mon père a attelé une remorque à sa bicyclette et il est parti constituer des réserves. Cela a duré quelques jours. C'est le vélo qui a renoncé le premier et comme il était difficilement réparable, Marilyne et moi avons pris le relais à raison de plusieurs tournées hebdomadaires : les mercredis, samedis, dimanches et jours fériés pendant les périodes scolaires, plus souvent hors périodes scolaires, surtout l'été. Nous disposons d'une quarantaine de bouteilles en plastique, chacune équipée d'un bouchon. L'eau des bouteilles est transvasée dans des récipients plus grands : les seaux pour la salle d'eau, les seaux pour les toilettes, les seaux et les bouteilles pour la cuisine, nous faisons donc plusieurs fois le trajet pour reconstituer notre stock. Ma mère reproche à mon père de nous laisser assumer ces corvées d'eau :

– C'est à toi de faire ça, pas aux gosses !

Mais il fait la sourde oreille. À bicyclette, il avait une certaine contenance, à pied il est trop fier pour s'exposer ainsi aux regards des voisins et physiquement il a du mal à tirer la remorque. Nous avons vite compris que cette situation n'avait rien de provisoire quand nous avons vu partir la machine à laver le linge, vite revendue.

Nous sommes de plus en plus isolés. Paul vient les voir très rarement et depuis une très violente dispute entre mon père et sa mère, mon père s'est montré très menaçant à son égard et il lui a interdit de nous parler. À l'origine de cette querelle, le cadeau que ma grand-mère nous avait fait à Marilyne et à moi pour Noël :

– Maintenant que vous savez lire l'heure toutes les deux, je vais vous offrir une montre à chacune.

Elles étaient très belles avec un bracelet en cuir bleu pour l'une et rouge pour l'autre. Nous avions été très impressionnées par ce cadeau qui venait de chez un bijoutier. Les montres ne sont pas restées longtemps à notre poignet. À la première occasion, mon père les a vendues et ma grand-mère, furieuse, avait osé faire part de son mécontentement. Ce n'était pas la première fois que mon père agissait de la sorte. De son baptême, Marilyne avait quelques bijoux traditionnels : chaîne, médaille, gourmette et boucles d'oreilles en or. Mon père avait commencé par les gager en promettant à Marilyne que ce n'était qu'une question de quelques jours, il rembourserait au début du mois suivant et il pourrait les lui rendre mais elle ne les a jamais revus.

Quand nous allons nous approvisionner en eau, nous passons devant les fenêtres de ma grand-mère. Au début de nos tournées, nous avions l'habitude de nous arrêter lui dire bonjour. Elle ne nous faisait jamais entrer à l'intérieur, elle nous recevait sur le pas de sa porte, elle ne faisait que répéter :

– Ah mes pauvres enfants, mes pauvres petites !

Elle nous donnait une pièce. Elle avait surtout hâte de nous voir partir. Elle ne voulait pas prendre le risque que mon père ou ma mère la surprenne avec nous. J'ai fini par trouver son attitude humiliante et nous avons renoncé à ces brèves apparitions. Nous sommes les porteuses d'eau mais notre consommation quotidienne est strictement rationnée, les verres sont comptés. L'été 1976 fut difficile à cet égard. Ma mère veut avoir la paix à la maison, nous sommes tous consignés à l'extérieur. Il n'y a ni arbres, ni espace ombragé autour de chez nous. Nous sommes constamment en quête d'un peu d'ombre, il faut s'appuyer contre les murs des maisons pour s'abriter un peu du soleil et nous avons si désespérément soifs. Nous essayons de faire bonne figure auprès des voisins et nous n'osons pas leur demander un verre d'eau. Une fois, nous sommes même allées jusqu'à la pompe à eau mais c'est loin et en plein soleil, le temps de revenir nous avons encore plus chaud.

Quand nous allons au parc de manèges, ma grand-mère nous aperçoit mais elle nous ignore. Nous la voyons sortir de chez elle presque en cachette, elle détourne son regard et elle fait comme si elle ne nous avait pas vus. Petit miracle : un midi en regardant le journal télévisé, ma mère a entendu dire qu'avec la chaleur, il était très important que les enfants boivent souvent. À compter de ce jour, elle nous a appelés à intervalles réguliers pour nous donner de l'eau.

Avec cet été sans nuages, nous voilà de retour sur la route de Dieppe. Le système n'a pas changé, il s'est juste alourdi. Ma mère part toujours les mains dans les poches. Sébastien a deux ans, elle juge inutile d'emporter sa poussette :

– Il est grand maintenant, il va marcher…

Le grand garçon marche les dix premières minutes et ensuite il refuse d'avancer, moralité il faut le porter. C'est Marilyne qui doit s'en charger. Elle maudit en silence ces journées à Dieppe où elle passe son temps à surveiller frère et sœurs. Parfois installés à la terrasse d'un café, ils nous autorisent à jouer sur le trottoir devant l'établissement. Même juste à quelques mètres d'eux, l'atmosphère est tout de suite plus respirable. Je ne supporte pas ce besoin qu'ils ont de se faire toujours remarquer. J'ai tellement honte d'être avec eux que j'aimerais pouvoir me cacher dans un trou de souris à l'abri de tous les regards qu'ils suscitent. Nous devons venir d'une autre planète !

J'ai peur la nuit sur la plage, je dors très peu. Je ne me sens pas en sécurité depuis que nous avons été abordés par un groupe de personnes éméchées. En cas de problème, je ne vois pas comment mon père pourrait nous défendre. Belle n'est jamais du voyage, elle garde la maison. Elle reste attachée dans la courette en compagnie de quelques vieux morceaux de pain. Je n'aime pas cette chienne et elle me le rend bien mais je reconnais qu'elle aussi a un sort peu enviable. Nous avons faim mais ce point commun nous oppose plus qu'il ne nous rapproche, cela ne fait qu'augmenter son agressivité. Quand je lui apporte son assiette à côté de sa niche, elle est tellement affamée qu'elle montre toujours ses crocs, je commence par poser l'assiette loin d'elle et je la pousse avec le pied. Marilyne a la charge d'aller la promener mais quand elle est punie, Marilyne n'a pas le droit de sortir et je me retrouve seule pour un face à face avec Belle. En guise de laisse, nous utilisons une longue corde, de cette façon elle se tient à distance, j'aime autant car elle est presque aussi haute que moi. Une corvée de plus, Belle perd ses poils surtout à certaines périodes, il faut balayer la courette en permanence. Ma mère ne supporte pas de voir l'ombre d'un poil dans la maison. Pour cette raison elle en vient même à nous interdire de jouer dehors. Belle a régulièrement des portées ce qui donne lieu à des scènes que nous appréhendons à chaque fois. Mon père se débarrasse des petits à sa façon. Il les noie dans un mélange d'eau additionnée de chlore ou bien les chiots connaissent un sort identique à celui de l'étoile de mer.

Ma mère est totalement dépassée par l'énergie de Sébastien, elle appréhende de rester seule avec lui. Si nous allons au centre aéré, Marilyne vient rarement, elle doit rester pour s'occuper de son petit frère. Je ne supporte pas bien la chaleur mais l'été, la vie est plus facile. Nous avons moins de problèmes pour nous habiller. Nous passons toutes les vacances une paire de tongues aux pieds.

C'est le retour à l'école. Il n'y a de place ni pour le jeu, ni pour le travail scolaire. Ma mère a décidé une fois pour toutes que nous n'avions pas de temps à perdre. À ses yeux, il y a bien d'autres priorités. Il est vrai que notre emploi du temps est chargé. Quand mon père ne cuisine pas, c'est Marilyne qui prépare les repas ; toutes les deux, nous assurons : la vaisselle, le ménage, les courses, les provisions d'eau, nous allons à la laverie. Les sacs sont lourds à porter mais nous ne rechignons pas à l'exécution de ces tâches qui à nos yeux, présentent un avantage considérable : elles nous permettent de passer des heures loin de la maison, au calme. Nous parlons beaucoup, nous partageons rires et angoisses. Ce sont les seuls moments où je vois Marilyne se détendre un peu.

Émilie n'a pas cette chance. Quand les deux aînées sont absentes, elle reste à la maison pour s'occuper de Sébastien ou elle l'emmène jouer dehors, elle aime bien s'occuper des petits. Quant il pleut, elle va sous le préau en ferraille juste à côté des voies de chemin de fer. Mes parents ne lui adressent pratiquement jamais la parole. C'est une petite fille à la fois silencieuse et très garçon manqué, elle résiste à sa façon au sort réservé aux filles de la famille. Nous sommes quatre maintenant à partager notre lit et le nouveau passager n'est pas de tout repos. Sébastien est particulièrement remuant, peu de choses résistent sur son passage.

Seule la pièce du rez-de-chaussée est équipée d'un poêle à charbon, il n'y a pas de chauffage à l'étage. Nous laissons les portes des chambres ouvertes pour essayer de laisser monter la chaleur mais sans beaucoup de résultats. Pour faire des économies, mon père a repéré un lieu de stockage en plein air à vingt minutes à pied de la maison. C'est un terrain où sont entreposées toutes sortes de matériaux ainsi que du charbon. Nous avons fait quelques sorties nocturnes mon père, ma mère et moi. C'est un lieu qui n'a pas très bonne réputation, c'est surtout totalement désert la nuit, aucune habitation à proximité. Mon père appelle cet endroit les "mines de Rouen". Nous partons avec la remorque. Une nuit nous tombons sur une ronde de police. Il n'est pas nécessaire de faire de longs discours pour comprendre ce que nous sommes en train de faire, la remorque et son contenu sont des preuves suffisantes mais il paraît que c'est de ma faute, j'ai attiré l'attention avec ma figure maculée de traces noirâtres !

Les policiers ont appelé un fourgon. Quand il arrive, ils l'ouvrent à l'arrière et intiment l'ordre à mon père d'y installer la remorque et son contenu qui servira de preuve. Mon père est bien incapable de soulever seul la remorque vide ou pleine. Après discussion, ils sont maintenant trois à s'affairer autour de la remorque, mon père aidé par deux policiers. Non sans peine ils finissent par arriver à hisser la preuve du délit au niveau requis. La scène est drôle et son évocation sera toujours un petit moment de franche hilarité même des années plus tard. Mon père est parti au commissariat dans le fourgon. Les policiers en voiture nous ont raccompagnées à la maison. Le lendemain matin ma mère a commencé à s'inquiéter de ne pas le voir revenir mais après une nuit au poste, mon père a été relâché en fin de matinée. Les policiers ont été conciliants, ils n'ont retenu aucune charge contre lui et ils l'ont même laissé repartir avec la remorque et son contenu en raison de la situation qu'ils ont jugée difficile et surtout, à la condition expresse de ne plus jamais nous croiser dans ce secteur.

Le charbon est stocké dans une grande bassine dans la cour, bassine qui occasionnellement peut servir de lessiveuse quand nous n'avons plus d'argent pour faire tourner les machines de la laverie. Nous faisons chauffer de l'eau sur le poêle à charbon, cela permet de faire la vaisselle plus facilement. C'est un de nos rares sujets de discorde avec Marilyne, je veux bien essuyer la vaisselle mais je ne veux pas souvent la laver, l'ordinaire se compose souvent de pâtes et ça colle, je ne m'en sors pas. Les repas sont servis bouillants. Nous avons obligation de consommer sans attendre car il faut dîner très vite. Quand nous avons une télévision, il est capital que la vaisselle soit terminée avant le début du programme du soir. Dès que Marilyne a le malheur de souffler sur sa cuillère, ma mère claque la cuillère sur son visage, de son côté, mon père s'occupe d'Émilie. Sébastien dîne maintenant avec nous, nous sommes tous les deux face à face. Il nous arrive de manger froid mais seulement quand la bouteille de gaz est vide et qu'il n'y a plus d'argent pour la remplacer avant la fin du mois. Assise sur ma chaise, j'ai le menton qui arrive à peine à la hauteur de la table. Comme nous n'avons pas de coussin, la seule façon que je puisse accéder facilement à mon assiette, c'est de me mettre à genoux sur ma chaise. Ma mère me demande toujours :

– Tu es assise correctement, j'espère ?

Je me tortille un peu en répondant oui. Elle se contente de cette réponse et elle ne vérifie jamais si c'est exact ; Marilyne me regarde toujours avec envie :

– Je t'ai vue, me dit-elle après le repas.

À chaque problème, j'essaie de trouver une parade pour limiter l'impact de leurs dérives. À table nous avons droit à un verre d'eau, je profite d'un moment d'inattention de leur part et je verse une partie du verre d'eau dans la purée ou bien je préfère mélanger un œuf cru dans mon assiette. Ils sont ravis, c'est un œuf de moins à cuire. Quand Marilyne demande la même chose, elle n'obtient qu'une seule réponse :

– Toi, tu nous fais pas chier, tu fais ce qu'on te dit.

Je suis toujours la dernière à terminer mon assiette. Ma lenteur pour manger peut les faire rire ou elle les exaspère mais leur réprobation reste verbale. Cela ne veut pas dire que je ne reçoive jamais de coups mais rarement au cours des repas. Sébastien n'est pas soumis à ce harcèlement mais les scènes auxquelles il assiste sont tout aussi traumatisantes. Il a bien du mal à rester assis sans bouger. Mes parents le laissent jouer avec tout ce qui se trouve sur la table : sel, poivre, couverts ce qu'aucune de nous n'a jamais eu le droit de faire. Dès que la situation s'envenime, il s'installe sous la table. Il entend mais il ne voit plus ce qui se passe. La table est recouverte d'une longue nappe en nylon à fleurs qui retombe de chaque côté presque jusqu'au sol. Si la nappe bouge un tout petit peu, ma mère le remarque tout de suite à cause des dessins. Elle est perdue sans ces repères auxquels elle s'accroche comme à une bouée de sauvetage. Toute modification lui est insupportable et cela entraîne des réactions en chaîne. Il n'y a pas d'enquête, les coupables sont désignés d'office.

Il y a un règlement pour la vaisselle. Il stipule qu'il est strictement interdit de faire tomber une seule goutte d'eau sur le sol. Nous faisons notre possible pour y parvenir. À la moindre infraction, nous nous faisons attraper toutes les deux mais c'est toujours Marilyne qui reçoit une gifle. Le jeu est truqué, Marilyne n'a aucune chance de s'en sortir. Il m'arrive de casser une assiette, ils considèrent que si je l'ai fait tomber, c'est qu'elle m'a glissé des mains et, si elle m'a glissé des mains, c'est parce qu'elle était mal lavée, c'est donc une raison supplémentaire de punir Marilyne. C'est pour elle un cercle infernal.

Les périodes un peu plus calmes correspondent à l'absence de l'un ou de l'autre. Ils sont régulièrement hospitalisés, chacun leur tour. Ils ont besoin de fuir le quotidien, d'être écoutés ou pris en charge. Ils ne s'inquiètent pas l'un pour l'autre. Quand ma mère est seule, elle est plus calme, elle fait quelques tentatives pour cuisiner. Quand mon père est seul, il ne modifie en rien son emploi du temps, il continue à son rythme. Leurs séjours peuvent durer une à deux semaines parfois davantage. Quand ils se trouvent à nouveau réunis, les hostilités reprennent en attendant que l'un d'eux craque à nouveau. Ce sont toujours les mêmes ambulanciers qui viennent à la maison. Ils nous regardent l'air goguenard et ils ne se privent pas de faire des commentaires :

– On connaît bien l'adresse !

Ma mère a un stock de médicaments inépuisable, bien alignés en rang sur le dessus du buffet. Elle a un médecin qui vient la voir à la maison, son "médecin personnel" comme elle l'appelle. Elle prépare ses visites avec soin. Sur la table, elle aligne toutes les boîtes de cachets, triés par catégorie : ceux dont elle veut le renouvellement, ceux qu'elles jugent inopérants... Quand ce n'est pas le médecin à la maison, c'est l'hôpital qui renouvelle les ordonnances ou lui donne de nouvelles boîtes. Avec les beaux jours elle a repris ses allers et venues. Loin de la maison elle semble aller mieux. Un avantage, c'est un été sans week-ends à Dieppe, d'ailleurs c'est fini, nous n'y retournerons plus. Cette fois-ci, je sais où elle va quand elle quitte la maison. En allant chercher de l'eau à la pompe, nous l'avons aperçue assise à une table dans un bar ; elle n'était pas seule. Il y a des chambres à l'étage, elle doit aussi habiter là.

Je n'en ai gardé aucun souvenir mais j'ai dû faire deux années de cours préparatoire et bien que je ne sache toujours pas lire en septembre 1977, je suis entrée en CE1. J'admirais beaucoup ma nouvelle maîtresse pour sa beauté, sa gentillesse et sa patience. C'est avec elle que j'ai appris à lire. Elle avait une voix douce qui me rassurait. Pendant certaines récréations elle restait avec moi pour me faire travailler. Quand mes camarades étaient de retour en classe, elle me disait :

– Continue, ne t'occupes pas de nous !

Je levais la tête régulièrement et ses sourires m'encourageaient, elle inclinait légèrement la tête ce qui signifiait : continue ! Ma mère en me disant "tu ne sauras jamais lire", du haut de mes six ans, je l'avais pris au premier degré. J'étais ravie d'avoir pu surmonter cette difficulté même si je ne pouvais combler tout mon retard. Toujours avec cette institutrice, nous avions un cours de musique, une heure par semaine. Il fallait une flûte, tout le monde en avait une sauf moi. Pendant une récréation, elle m'a pris à part et elle m'a dit :

– Je te donne ma flûte, maintenant tu pourras en faire avec tes camarades.

Je l'ai vivement remerciée à plusieurs reprises. J'étais très fière de ce privilège. Elle était en bois avec son nom gravé, elle était très belle. J'ai adoré en jouer au grand désespoir de ma mère qui ne supportait pas d'entendre cette musique. Elle a accepté que je la garde à condition que je n'en joue pas dans la maison. Les voisins étaient plus conciliants, ils ne firent aucune remarque, ils me regardaient en jouer, peut-être même écoutaient-ils ! Cette flûte je l'ai toujours et je la garde précieusement.

Avec l'école, j'apprécie d'aller à la piscine une fois par semaine, cela me permet de prendre une douche et de me laver les cheveux. J'ai refusé la combinaison en éponge bleue et blanche que Marilyne a dû porter, j'ai un véritable maillot de bain. À l'école, je me garde bien de parler de ma vie à la maison. C'est ma façon de me protéger et surtout d'essayer de les oublier un peu dès que je suis à l'extérieur. C'est pourquoi j'ai eu un choc quand j'ai commencé à entendre parler de ma mère dans la cour de l'école. Les propriétaires du bar où je l'ai aperçue, ont deux filles dont une de mon âge et nous sommes dans la même classe. Elles se montrent toutes les deux très agressives :

– Ta mère, c'est une p.....

Heureusement, j'ai de bonnes amies qui viennent à mon secours et qui jouent les gardes du corps. La tradition est respectée, ma mère est présente à Noël, c'est la seule fête de l'année qui soit réellement célébrée, jamais nous n'avons souhaité un seul anniversaire, pour ma mère ce ne sont que des conneries !

C'est la première année de Marilyne au collège. À Noël, ma mère lui demande toujours ce qu'elle aimerait avoir mais elle ne l'achète jamais. Cette année, Marilyne a demandé une jupe culotte en velours beige qu'elle a vue dans un supermarché et à sa grande surprise, ma mère a été d'accord. Je crois que je ne l'ai jamais vue aussi heureuse, elle est tellement fière de sa nouvelle tenue.

Même après les fêtes, ma mère est restée à la maison. Elle est épouvantable, d'une humeur massacrante du matin au soir. Elle est à nouveau enceinte, cette fois-ci elle n'essaie pas de cacher sa grossesse, elle en parle et avec rage. Elle a le sentiment de s'être fait avoir, elle ne décolère pas. Elle retrouve nos conditions de vie qui se dégradent un peu plus chaque jour.

Mon père vit dans son cauchemar et il se désintéresse de tout, il ne fait aucun effort pour résoudre le moindre problème. L'hiver est rigoureux, nous sommes littéralement gelés. En jouant avec ses majorettes, Sébastien a cassé des carreaux, en bas à la porte vitrée et aussi dans notre chambre. Mon père ne cherche même pas à les réparer. Il prend ce qui lui tombe sous la main, il masque les carreaux manquants avec des morceaux de plastique fixés avec de l'adhésif.

Notre vie est devenue un immense bazar, hantée par les regrets de deux hurluberlus qui se laissent dériver au gré de leurs désillusions. Pour eux chaque jour qui passe est un jour de perdu, pour nous, c'est un jour de gagné. Pour me donner du courage, j'imagine parfois que nous sommes en guerre. Chaque jour il faut tenir la position pour atteindre l'objectif : arriver à demain.

Comme Émilie est malade nous avons emmené Sébastien pour notre tournée d'eau, il fait très froid, nous avons du mal à sentir nos doigts, les gants sont toujours en option. Sébastien obéit difficilement. Pendant que nous remplissons les bouteilles, il s'échappe, je cours après lui pour le rattraper, le sol est gelé, je glisse et je tombe. Quand je me relève, un de mes genoux est ouvert et je saigne abondamment. Marilyne me laisse sur place avec Sébastien pour aller au plus vite chercher de l'aide. Une demi-heure plus tard, je l'aperçois qui revient avec mon père et Paul. Mon père essaie de me porter mais il n'a pas la force de le faire. Je fais le trajet dans les bras de mon oncle. De retour à la maison, long conciliabule entre mes parents : faut-il ou ne faut-il pas aller à l'hôpital ? Mon père finit par aller chez les voisins pour appeler une ambulance.

Je suis très impressionnée par le voyage en ambulance mais je n'ai pas d'appréhension, je ressens presque une certaine joie d'aller à l'hôpital. Quand mes parents y vont, ils ont l'air content. C'est bien, on va enfin s'occuper de moi !... Hélas, je déchante bien vite. Une infirmière nous fait entrer dans une salle de soins. On entend très distinctement le son d'une radio ou d'une télévision qui retransmet un match. Quand le médecin arrive, il ne dit même pas bonjour, il demande seulement à mon père de sortir. Nous sommes dimanche, visiblement je dérange ce grand supporter, quel accueil ! Il faut recoudre mon genou. Au premier point, je hurle :

– Tu ne vas pas me faire tout un cinéma pour trois fois rien !

Au deuxième point comme je ne me tais pas, en guise d'anesthésiant il me gifle : je couvre le bruit de la radio et “Monsieur” n'est plus en mesure de suivre sa retransmission ! Ce jour est resté gravé dans ma mémoire comme si c'était hier. Marilyne est restée seule sur place avec les bouteilles d'eau et la remorque, j'ignore si elle a trouvé une bonne âme pour lui donner un coup de main.

Ma mère vit très mal la fin de sa grossesse. Elle devient de plus en plus tyrannique. La jupe culotte en velours beige est une des premières victimes. Les ciseaux l'ont taillée en pièce et elle a fini à la poubelle au grand désespoir de Marilyne. Cette tyrannie peut s'exprimer de différentes manières, soit par une privation totale de nourriture, soit elle nous oblige à rester assis les mains posées sur la table, sans parler, ni bouger. Elle ne maîtrise plus rien dans sa vie et elle le sait. Elle parle de plus en plus mal de cet enfant qu'elle attend. Je ne me souviens pas des prénoms de garçon envisagés, pour une fille elle a déjà choisi, ce sera Marie. Je suis à l'affût du moindre indice porteur d'espérance. La municipalité, propriétaire de notre logement, a fait rénover l'unique volet de la maison à la fenêtre du rez-de-chaussée. À l'occasion de ces travaux, j'ai récupéré un petit morceau de métal abandonné par les ouvriers, il ressemble à un chiffre neuf et je viens d'avoir neuf ans ! C'est sûrement un signe et je le garde précieusement comme porte-bonheur !

Marie

Marie est née le 5 avril 1978. Mon père m'a emmenée à l'hôpital voir ma mère et ma nouvelle petite sœur. Quand j'entre dans la chambre, le climat n'est pas à la sérénité, ma mère est très agitée, ses gestes sont saccadés, elle n'arrive pas à rester en place dans son lit et elle tousse beaucoup. Je me penche sur le berceau et je découvre avec stupeur une petite fille très brune aux yeux noirs, le teint mat. Je suis frappée par cette différence et la première chose que je dis :

– Elle a les cheveux noirs et les yeux noirs.

Ma mère me regarde d'un air agressif et me dit :

– Qu'est-ce que tu racontes comme connerie, toi !

Je reste bouche bée. Mon père ne dit rien, comme d'habitude. J'insiste un peu :

– Mais si regarde !

Ma mère hurle :

– Arrête !

Je me tais aussitôt. Je ne sais pas encore que l'agressivité de ma mère va se transformer en haine à l'égard de cette enfant. Ma mère est non seulement déçue que ce soit à nouveau une fille, son apparence physique va être également déterminante dans sa relation avec Marie. Une de mes sœurs et un de mes frères ressemblent beaucoup à mon père mais je crois que les autres enfants se sont un jour posé la même question :

– Est-ce que mon père est vraiment mon père ?

Nous ne nous ressemblons pas mais les quatre premiers enfants ont tous en commun des cheveux et des yeux clairs. Avec Marie, la différence était visible non seulement pour nous mais également pour toute personne extérieure ce qui a tout de suite dérangé ma mère. C'était une conséquence qu'elle ne semblait pas avoir envisagée.

Quand ma mère est revenue à la maison, elle a déposé Marie dans son lit et elle nous a laissées nous en occuper entièrement. Jamais au cours de ces premiers mois et en notre présence, je ne l'ai vue la prendre dans ses bras. Tour à tour, nous nous occupons de Marie le matin avant de partir à l'école. Quand nous revenons le midi ou en milieu d'après-midi, la première chose à faire en priorité, c'est de la changer, ma mère ne veut pas avoir à le faire. On utilise des pointes en plastique sur lesquelles on pose la couche. Ma mère nous regarde faire, elle se contente de faire des commentaires sur le résultat de l'opération.

Comme ma mère évite toujours tout contact extérieur, personne ne peut prendre conscience de l'absence de relations entre elle et Marie. C'est nous qui assurons les visites à la PMI. Le centre se trouve juste en face de l'école primaire. Le personnel nous connaît déjà puisque nous avons commencé à assurer les visites pour Sébastien quand il avait deux ans ; depuis cette période, ils n'ont jamais revu ma mère. Les premiers mois, les visites sont fréquentes toutes les deux semaines. Le personnel nous pose toujours la même question :

– Pourquoi ta maman n'est-elle pas venue ?

Ils se contentent de notre réponse évasive et ils n'insistent pas. Dans une première pièce, on prépare les enfants à la visite. On les déshabille, il y a des corbeilles de toutes les couleurs pour ranger leurs vêtements, en attendant d'être reçus par le médecin, les enfants jouent. C'est la pièce où les enfants sont pesés et mesurés. Nous attendons en compagnie de mamans qui nous regardent un peu étonnées, elles ne nous parlent pas. Quand elles nous voient changer Marie, elles se contentent de dire :

– Tu te débrouilles très bien !

Le médecin est une femme. Elle parle peu, donne quelques conseils :

– Tu diras à ta maman de bien utiliser du talc et d'appliquer de la crème ; j'ai horreur de cette crème grasse à l'odeur si tenace…

J'écoute seulement d'une oreille distraite, il faut que je reparte avec un peu de lait en poudre et des couches. Quels mots puis-je utiliser pour formuler ma demande ? :

– Pouvez-vous me donner ? Je ne peux pas dire cela… éternel refrain, nous ne sommes pas des mendiants… Prêter : stupide, ça n'a pas de sens. Dépanner : c'est mieux… Je l'entends me dire :

– La prochaine fois, j'aimerais bien voir ta maman.

L'examen se termine, je n'ai plus beaucoup de temps pour placer ma phrase. J'ai du mal à prononcer ces mots, elle ne m'aide pas beaucoup mais je repars avec ce que j'ai demandé. C'est beaucoup plus difficile quand ma mère nous envoie avec retard parfois après plusieurs relances reçues par courrier, surtout au moment des vaccinations, nous devons faire face à un flot de remontrances sur notre attitude irresponsable. Même si ce discours s'adresse à ma mère par personne interposée, c'est nous qui devons le subir. La leçon est terminée, elle a donné son avis de médecin. Si elle voulait des réponses appropriées, elle poserait les bonnes questions mais visiblement, elle ne souhaite pas en savoir davantage. Pourtant nous aimons bien ces visites, il fait chaud, c'est calme et propre. Quand le personnel a le temps, c'est une occasion pour nous aussi de nous amuser à être pesées et mesurées ; cela ne suscite jamais aucune interrogation de leur part.

Sébastien est le seul enfant que mes parents appellent par son prénom. Pour les filles, ils ont continué à employer les diminutifs que nous nous étions donnés en apprenant à parler. Marilyne était devenue "ii", au fil des années elle ne supportait plus de s'entendre appeler ainsi. On m'appelait "Ti'sœur", pour Émilie, c'était “bébé”. Ma mère n’appelle jamais Marie par son prénom. C’est “l’autre” ou bien “elle”.

Depuis son séjour à la maternité, ma mère n’arrive pas à se rétablir, sa toux ne s’est pas arrêtée une seule journée. Au mois de juin, elle est de nouveau hospitalisée, elle souffre d’une pneumonie. Son état s’aggrave subitement, elle tombe dans le coma pendant quelques jours. À son réveil, elle a perdu l’usage de la parole et elle doit réapprendre à parler. À sa sortie de l’hôpital, elle part en maison de repos près de Rouen où nous sommes allées la voir quelques fois.

Cette année en l’absence de ma mère, nous n’avons pas effectué notre grande sortie annuelle qui a lieu à l’occasion de la fête nationale. Nous allons à Rouen assister au feu d’artifice tiré sur les berges de Seine la veille du 14 juillet. Il y a une fête foraine et nous avons droit à un tour de manège. Les enfants ont la possibilité de gagner une partie gratuite. Il faut arriver à attraper un pompon qui monte et descend en permanence mais il nous est interdit d’y participer pour éviter qu’un des enfants puisse faire un tour de manège de plus que les autres. La partie gratuite en elle-même est secondaire, je trouve absurde de nous exclure nous-mêmes du jeu, il est insupportable à mes yeux de ne pouvoir au moins tenter ma chance.

Le 13 juillet correspond également à l’anniversaire de mon père. À la maison, nous n’avons jamais fêté les anniversaires, nous leur faisons un cadeau uniquement au moment de la Fête des Mères et de la Fête des Pères. Nous arrivons à mettre quelques sous de côté pour acheter à ma mère un peu d’eau de muguet ou de violette qu’elle adore ; pour mon père c’est toujours une boite de cigares. Je crois que cela les rend heureux un petit moment même si cela ne dure pas, ils sont au moins de meilleure humeur ce jour-là.

Ma mère est revenue à la maison dans le courant du mois d’août. Elle a toujours besoin de soins. Elle souffre de nombreuses escarres. Une infirmière vient refaire les pansements tous les jours à la maison. Elle ne nous demande pas de nous éloigner, je me souviens de ces plaies béantes avec horreur. Marie a quatre mois, c'est un beau bébé mais ma mère continue à se comporter comme si elle n'existait pas.

Septembre 1978

En septembre 1978, j'entre en CE2. Je suis dans la classe tenue en alternance par le directeur de l'école et sa femme. À chaque rentrée scolaire, je me trouve confrontée à la petite fiche de renseignements à remplir. Nom, prénom, adresse, date de naissance ne posent pas de problème, ensuite vient la question que je redoute, profession des parents :

– Que dois-je mettre ?

– Tu marques néant.

… Au moins un mot que j'ai toujours su écrire.

Peu de temps après la rentrée des classes, en revenant à la maison pour le déjeuner, nous avons trouvé mon père en larmes, ma mère essayait de le consoler. Il venait d'apprendre le décès de mon grand-père. Bien qu'ils ne se voient plus depuis la dispute avec ma grand-mère, il semblait très affecté par cette nouvelle. J'aimais bien ce grand-père, c'était un homme bon, souriant. Plusieurs années auparavant, il avait eu une attaque cérébrale et il était très diminué physiquement. Il avait beaucoup de mal à se déplacer, il parlait peu et il était difficile de bien le comprendre. Je trouvais que ma grand-mère était dure avec lui, elle le bousculait sans arrêt. Depuis que nous n'avions plus de contact avec eux, quand il faisait beau, je le voyais souvent installé à sa fenêtre, il me faisait toujours un petit signe.

Je suis repartie en larmes à l'école. En me voyant arriver ainsi, le directeur m'a demandé ce qui se passait. Je lui ai expliqué que mon grand-père était mort. Il m'a dit :

– Viens avec moi.

Il m'a pris par la main et il m'a emmenée dans une pièce où il y avait un bocal avec un poisson rouge.

– Reste-là un moment et regarde le poisson.

Et puis sans un mot, il est parti. J'ai toujours eu beaucoup de respect pour lui mais là franchement il m'a déçue, je l'ai même trouvé maladroit. Il n'a trouvé aucune parole simple à me dire. Je ne vois vraiment pas en quoi la contemplation d'un poisson rouge pouvait aider à soulager un chagrin. J'en ai eu assez de rester plantée là et j'ai rejoint ma classe.

Je suis souvent absente. Marie ne fait pas de bruit mais ma mère a du mal à rester seule l'après-midi, il faut lui tenir compagnie. Je perds pied à nouveau, je n'arrive pas à suivre les cours. Les problèmes de la maison sont de plus en plus lourds à supporter et je manque de sommeil, leurs scènes sont interminables et elles peuvent durer jusqu'au milieu de la nuit. Je m'endors souvent en classe, je m'effondre carrément sur mon pupitre. La maîtresse vient vers moi et elle me glisse à l'oreille :

– Nathalie, va dormir à l'infirmerie.

Elle connaît la situation de la famille mais c'est la seule réaction face à une enfant fatiguée. J'aime bien aller à l'infirmerie, je dispose d'un vrai lit et l'infirmière me porte quelques attentions, elle m'écoute, elle met un pansement sur une plaie sans oublier du "rouge" car à la maison pour soigner les enfants, il y a en tout et pour tout : des comprimés contre les maux de tête et de l'alcool à 90°, difficile pour un soin éventuel. Quand je me blesse, je préfère me soigner toute seule et je nettoie la plaie simplement avec de l'eau. Les jours les plus durs sont ceux où nous avons de la fièvre. Nous ne voyons jamais un médecin. Le traitement est rapide : un demi-comprimé et un petit miracle pour que le mal dure le moins longtemps possible. Dans ce contexte, il faut avoir une bonne santé générale. Heureusement à l'école, nous avons au moins une visite médicale par an, il vaut mieux pour nous être présents ce jour-là !

Les jours où je vais à l'école, la sonnerie de 11h30 signifie retour à la maison pour le déjeuner. Nous n'utilisons jamais la porte principale, elle est exclusivement réservée aux visites du facteur. Nous entrons par la courette. Les carreaux cassés n'ont pas été remplacés, les morceaux de plastique ont jauni avec le temps et ils ne permettent pas de visualiser facilement l'intérieur de la pièce. Avant de tourner le bouton de la seconde porte, j'essaie d'observer ce qui se passe. Quand j'aperçois ma mère assise, les jambes croisées, le regard fixe, la chaise légèrement en retrait, il ne fait pas bon traîner dans le secteur. Par contre, si les couverts sont posés sur la table, jamais devant elle, ce geste signifie que nous avons le droit d'entrer. Les jours où il n'y a pas de couverts du tout, si nous ne prenons pas le temps de remarquer ce détail, dès que nous poussons la porte, elle se met à hurler :

– Dehors ! Dégagez tous !

Cela veut dire plus d'argent donc pas de nourriture et cela peut durer plusieurs jours par mois. La faim provoque des maux de ventre et d'estomac terribles. Sur le trajet de l'école, il m'arrive d'être obligée de m'asseoir par terre pour attendre que la douleur se dissipe. Nous repartons à l'école et nous attendons avec impatience que la grille s'ouvre à nouveau. C'est très long d'attendre dehors, été comme hiver. L'été, la chaleur nous fait tourner la tête et l'estomac vide empire le phénomène. L'hiver, la soif n'est pas le problème majeur mais le froid est dur à supporter quand on a faim. Un jour à l'heure du déjeuner, le directeur nous a aperçus près du portail de l'école. Comme je suis la plus âgée, il me demande :

– Que faîtes-vous là ? Pourquoi n'êtes-vous pas rentrés déjeuner à la maison ?

– Mes parents nous ont dit de ne pas rentrer parce qu'il n'y a rien à manger.

Il me regarde fixement dans les yeux comme il a l'habitude de le faire avec tout le monde. Au bout d'un moment il me dit :

– Tu diras à tes parents que dorénavant vous pourrez rester déjeuner à la cantine et que ce sera gratuit.

Je lui ai dit merci mais je n'ose pas en dire plus. D'ailleurs, il ne demande rien. C'est très difficile de parler de notre situation. Je sais que nos voisins ont peur de mon père et de ma mère et je réalise que même le directeur de l'école ne cherche pas à avoir de contact avec mes parents. De temps en temps il peut arriver des petits miracles comme ce jour-là. La première réaction de mon père, une fois de plus pour se faire remarquer et surtout par fierté, a été de rejeter cette offre. Je me souviens de l'avoir vraiment détesté à cette occasion. Ma mère en dépit de ses difficultés peut faire preuve de plus de lucidité, elle réalise que c'est la certitude d'avoir au moins un vrai repas pendant les périodes scolaires, il est donc hors de question de refuser.

La nouvelle de la cantine gratuite s'est répandue comme une traînée de poudre à l'école. Avant de quitter la classe, le directeur vérifie quels sont les enfants qui restent déjeuner à l'école et si les demi-pensionnaires sont bien en possession du ticket qui donne accès à la cantine. Chaque enfant doit lever la main et montrer son ticket, il passe en revue chaque rangée de la classe :

– Toi oui, toi c'est bon…

Quant arrive mon tour, bien sûr je n'ai pas le ticket magique et devant la classe entière, il dit :

– C'est bon Nathalie, pour toi, on sait…

On ne peut pas empêcher les gens de parler. Mes parents sont bien connus dans le quartier et les commentaires vont bon train :

– C'est toujours les mêmes qui paient.

Ou :

– Si les parents géraient leur argent autrement, ils auraient les moyens de nourrir leurs enfants.

Je ne peux pas leur en vouloir car c'est la stricte vérité. Depuis que nous déjeunons à l'école, le directeur fait un peu plus attention à nous. Il a entrepris des démarches auprès de la PMI pour

Émilie. Elle a huit ans, c'est une petite fille intelligente mais en échec scolaire total pour une raison toute simple : Émilie ne voit strictement rien. L'école a écrit régulièrement à mes parents au sujet des problèmes de vue d'Émilie. Ma mère a toujours la même réaction :

– Ils nous font chier, on fait ce qu'on veut, ça ne les regarde pas.

L'école n'est jamais allée au-delà de simples courriers. Émilie a ainsi obtenu sa première paire de lunettes. Sur le plan scolaire, le mal est déjà fait. Mon père ne la supporte pas et il va prendre un malin plaisir à casser ses lunettes, tout est à refaire à chaque fois. Leur durée de vie ne dépasse jamais deux à trois semaines. À la maison, Émilie ne parle jamais, ce ne sont pas ses propos qui peuvent déranger mon père. Il réagit à la moindre petite chose qui lui sert de prétexte, un simple regard qui le dérange et la gifle part entraînant les lunettes dans une chute fatale. Quand ce n'est pas une gifle, ce sont des coups sur la tête ou des coups de pied. Mon père a l'habitude de croiser les jambes, quand il se redresse et qu'il décroise ses jambes, je crains le pire.

Le directeur va essayer de suivre, il fait des demandes successives auprès de la PMI pour remplacer ou réparer mais tout le monde finit par se lasser et Émilie va rester la plupart du temps sans lunettes or il faudrait qu'elle les porte en permanence. Le directeur a bien compris également que le matin, nos estomacs sont vides. Chaque jour, un petit déjeuner nous attend avant que la classe ne commence. Je garde un grand souvenir de ces moments-là : du lait très chaud et très sucré dans des verres en pyrex, tellement chaud qu'une peau se forme à la surface. Nous arrivons difficilement à le tenir dans nos mains surtout l'hiver nos doigts sont trop gelés. Ce verre de lait est accompagné d'une tartine de pain beurré et de confiture. En classe, j'ai souvent mal au cœur car je digère difficilement les boissons ou les repas trop chauds. Nous n'avons pas le choix. Entre les soupes bouillantes, le lait très chaud, le café accompagné de trois-quarts d'eau bouillante… Même aujourd'hui, je préfère des boissons tièdes, voire froides, de même pour tous les plats.

Depuis que j'ai accès à la demi-pension, j'essaie de récupérer tout ce que les enfants ne veulent pas. Ils n'aiment pas les fruits ou les biscuits secs. Mes copines me donnent aussi leur part. Elles ont été un peu surprises de cette histoire de cantine. J'avais toujours voulu donner l'impression que tout allait bien. Quand elles me demandaient ce que nous avions eu pour le déjeuner, j'avais l'habitude de citer n'importe quel menu très classique. Je ne veux pas être montrée du doigt. J'essaye de me fondre dans la foule, d'avoir l'air comme les autres. Trop parler aurait pu me nuire dans certains groupes dans lesquels je suis admise à l'école. On me trouve jolie et agréable, c'est très important pour moi d'être acceptée telle que je suis, de ne pas être mise à l'écart, cela s'était fait au prix de mon silence. De toute façon, ils ne pourraient pas comprendre. Ils ont une vie bien trop différente pour imaginer la mienne. Les enfants aiment se moquer volontiers des plus faibles et les adultes trouvent souvent une compensation en identifiant des familles qui vivent des situations pires que la leur.

J'ai deux véritables amies, Corinne et Stéphanie, avec qui je me sens plus libre dans mes propos. L'une d'elles habite sur le trajet de l'école, il m'arrive de passer la chercher. Elle est encore à table en train de finir son petit déjeuner. Sa mère m'a demandé un jour si je voulais prendre quelque chose, les premières fois j'ai répondu, "non merci" et puis, au fur et à mesure, je me suis enhardie et j'ai fini par accepter un yaourt, un petit gâteau ou un fruit. Mes camarades se réjouissent de l'arrivée de chaque période de vacances, moi je pleure. C'est un véritable cauchemar à l'idée de rester toutes ces journées à la maison surtout à la mauvaise saison. Je vais encore devoir compter les jours en priant pour qu'ils passent le plus vite possible.

Depuis que mes grands-parents maternels ont quitté la commune, ma mère reçoit de temps en temps la visite de ses frères,

Henri et Claude ; ils viennent la voir séparément, parfois ensemble. Depuis la dernière rentrée scolaire, nous les voyons davantage passer en fin de journée. La dernière fois Henri a proposé d'emmener Marilyne pour la soirée et de la ramener le lendemain. Il est marié, il a deux filles plus jeunes que Marilyne. Quand Marilyne est revenue le lendemain, elle n'a rien dit de particulier sur sa soirée en famille. La semaine suivante, Henri est de retour. Il discute avec ma mère et avant de partir, il lui dit :

– Si tu veux, j'emmène Nathalie pour la soirée et je te la ramène demain.

J'ai bien remarqué la réaction de Marilyne à cette proposition mais le temps de prendre quelques affaires, nous partons très vite. Henri travaille dans le commerce et il dispose d'une camionnette de livraison. Il habite assez loin de chez nous. Je ne l'aime pas, cette soirée ne m'enchante guère mais impossible de s'opposer à une décision de ma mère. Je monte à l'avant de la camionnette à côté de lui. Il reste silencieux. En traversant une forêt, il ralentit et s'engage dans un chemin, je demande :

– Pourquoi est-ce qu'on s'arrête ?

Il ne répond rien.

Ce silence me glace, je reste immobile figée sur mon siège, le regard collé au pare-brise. Je ne veux pas voir ce que j'entends mais il m'attrape par le bras, il m'attire près de lui. Il a ouvert son pantalon, il me demande de le caresser. Je refuse, je me débats, je hurle, je pleure, je lui crache à la figure, il essaie de me maîtriser, il me tire par les cheveux, il me traite de tous les noms mais il n'ose pas user de plus de violence pour me contraindre. Furieux, il renonce :

– Pouilleuse, t'as vu ta tête, arrange-toi un peu... Je peux te dire qu'avec Chantal, t'as intérêt à la boucler !

Le ton se radoucit, il négocie :

– Bon, tiens voilà si tu te tais, je te donne cinq francs, tu pourras acheter deux pochettes-surprises et on n'en parle plus.

Arrivés chez lui, sa femme est surprise de me voir mais elle m'accueille gentiment. Il me montre la chambre des enfants. Je pensais dormir dans cette chambre mais Henri a décidé que je dormirai dans leur chambre et il installe un matelas le long de leur lit, de son côté. Chantal ne fera aucune remarque. À l'étage, il recommence à me harceler mais chez lui c'est tout de même plus difficile. Je dîne sans dire un mot. Le climat est lourd, ils se parlent à peine, les deux petites filles sont muettes. La nuit, je n'ose pas dormir mais il m'a laissée tranquille. Il m'a raccompagnée à la maison le lendemain matin. Je suis soulagée d'être de retour. Une des premières choses que je remarque, c'est le regard interrogateur de Marilyne mais elle attend que nous soyons seules :

– Ça va ? J'étais très inquiète quand je t'ai vu partir hier, je n'avais rien osé te dire quand je suis revenue la semaine dernière, je n'imaginais pas qu'il proposerait de t'emmener.

En plus il m'a menti, quand je vais chercher les deux pochettes surprises, je n'ai pas suffisamment d'argent pour les acheter, je suis encore plus furieuse contre lui. Dès que nous apercevons la camionnette, c'est la panique. Nous essayons de convaincre ma mère que nous devons rester à la maison mais sans succès. C'est ainsi que je vais devoir repartir à nouveau avec Henri et une autre fois avec Claude. Cette fois-ci je m'inquiète encore plus, Claude vient de se séparer de sa femme, il vit seul. Quand nous arrivons chez lui, il commence par me donner un paquet de bonbons gigantesque mais je les connais bien, ils sont immondes, cela ne m'impressionne pas du tout. Il prépare un lit d'appoint pour moi mais je me tiens sur mes gardes. Le scénario est le même. Il alterne menaces et bons sentiments mais comme son frère il n'ose pas arriver à ses fins par la contrainte. Le lendemain matin, il se tient correctement. Il me montre un petit orgue qui appartient à ses enfants :

- Ça te ferait plaisir de l'avoir ? Et bien tiens, prends-le.

Ils sont devenus notre cauchemar de tous les instants. Il faut impérativement que nous trouvions une solution pour que cela cesse. Nous échafaudons tous les plans possibles. Comment pouvons-nous arriver à en parler à la maison ? Nous sommes déjà tellement consternées de voir ma mère accepter les propositions de ses frères qu'elle connaît si bien. Après d'intenses discussions, nous avons décidé d'attendre le seul jour de l'année où nous sommes certaines de leur bonne humeur et où ils nous paraissent un petit peu plus accessibles : le jour de Noël. Nous avons terminé notre repas de fête : huîtres, galantine, boudin blanc, cailles aux petites pommes de terre, fromage et la bûche que personne n'aime mais il faut à tout prix respecter la tradition. La soirée est bien avancée. Ils dansent sur leurs disques préférés. Mon père a déjà pas mal bu, nous ne pouvons attendre davantage.

D'une seule voix, nous leur annonçons :

– Nous avons quelque chose à vous dire...

Ils sont surpris.

Marilyne et moi nous renvoyons la balle :

– C'est toi qui dis…

– Non c'est toi… !

Notre public s'impatiente.

– Nous ne voulons plus aller avec Henri et Claude.

– Et pourquoi cela ? dit ma mère, tout de suite agressive.

– … Ils ne sont pas gentils avec nous.

Le ton monte :

– Menteuses, vous racontez n'importe quoi, mes frères sont très gentils ! Voilà comment vous les remercier de l'attention qu'ils vous portent !

Mon père qui n'a encore rien dit, finit par demander :

– Que vous-vous voulez dire au juste par : ils ne sont pas gentils ?

Marilyne reste muette.

Je prends mon courage à deux mains et je commence à raconter mon voyage en camionnette. Je n'ai pas le temps d'avancer bien loin dans mon récit, mes déclarations font l'effet d'un coup de tonnerre, ils réagissent très mal. Mon père nous accuse d'avoir gâché la fête :

– C'est bien la peine, j'ai passé toute la journée à cuisiner et voilà comment vous me remerciez !

Ma mère est furieuse mais elle ne semble pas vraiment surprise. Ils nous expédient au lit et ils terminent la soirée seuls. Plus aucun mot sur le sujet, il ne sera plus jamais question de partir avec l'un ou l'autre frère.

Dix ans

Février 1979, je viens d'avoir dix ans… La route à faire est encore longue et le temps ne passe pas aussi vite que je le voudrais. Pour cette occasion je me suis aménagé un petit univers bien à moi. Nous dormons tous dans la même chambre. Au fur et à mesure que la famille s'est agrandie, le décor est resté le même. Les quatre aînés dorment dans un grand lit dont le sommier est en très mauvais état, quant au matelas, je n'ose même pas le décrire. Le lit est garni d'un drap et d'une couverture très fine. Marie a un petit lit à barreaux.

J'en ai eu assez de dormir ainsi. Au coin d'une rue, j'ai trouvé un morceau de mousse en bon état et je me suis dit qu'il pouvait faire l'affaire. À la maison, j'ai récupéré un bout de tissu que je mets au niveau de la tête et en guise de couverture, un vieux manteau. Ce matelas de fortune n'est pas très épais, je sens bien les lattes du parquet mais je suis très contente d'avoir construit mon petit coin à moi dans la chambre. Le soir, c'est un soulagement de retrouver ce nid de fortune. Couchée sur le côté gauche, je peux me bercer à loisir, ce mouvement de balancier crée sa propre vibration qui m'isole un peu des bruits de la maison. Je chasse les idées noires pour me préparer à entrer dans mes rêves. C'est aussi une heureuse initiative pour Marilyne, Émilie et Sébastien, ils ont dorénavant un peu plus de place. Je les ai souvent empêchés de dormir car pour trouver le sommeil, j'ai besoin de me bercer. Marilyne passait son temps à me donner des coups de pied et moi je lui criais dessus. Ma mère se déplaçait et Marilyne se prenait une claque ; nous étions malheureuses toutes les deux.

Les journées sont tellement terribles qu'il est difficile de trouver le sommeil ; sans volet ni rideaux, nous sommes également gênés par la lumière de la rue. J'essaie de me projeter dans l'avenir. Je ne doute pas, je serai heureuse ; certains jours il est vrai qu'il me faut davantage de persuasion. Après avoir médité un long moment, je me concentre sur un point fixe de la chambre et je finis par m'endormir.

Je suis une petite fille très personnelle, je ne supporte pas l'idée de partager mes vêtements. Je n'en ai pas beaucoup mais j'en prends grand soin pour qu'ils durent le plus longtemps possible. Il en est de même pour les quelques effets personnels comme des barrettes pour mes cheveux qui sont très longs. Des choses sans valeur mais qui à mes yeux sont de la plus haute importance. Corinne n'a que des frères et Stéphanie est la plus jeune des filles de sa famille. Avec l'accord de leurs parents, elles ont pris l'habitude de me donner des vêtements qui sont en parfait état mais trop petits pour elles. Elles grandissent vite alors que je reste très petite.

Ma plus grande surprise est venue de la famille d'une copine que je vois uniquement l'été quand elle vient passer des vacances chez sa grand-mère que je connais juste de vue. Un jour avant de repartir, Michelle m'a apporté un grand sac plein de vêtements. Je l'ai remercié mais elle était déjà partie quand j'ai réalisé ce que ce sac contenait. Toutes les affaires étaient jolies et de bonne qualité, j'ai même eu le sentiment qu'elles n'avaient jamais été portées ! Ce monde est décidément plein de surprises, je connais à peine Michelle et je n'ai jamais vu ses parents.

Le lundi est le jour où nous changeons de vêtements. Ma mère prépare ce qu'elle a choisi pour chacun de nous. Le dimanche, je lui demande :

– Qu'est-ce que tu m'as préparé ?

Je ne suis pas toujours d'accord, elle est furieuse que je puisse contester ses choix vestimentaires. Quand il y a vraiment des choses difficiles à porter, j'essaie de contourner la difficulté, une course à faire quand il pleut :

– Cours vite !

Je prends tout mon temps et si la pluie n'est pas assez forte, j'attends sur place d'être bien mouillée. Quand je rentre, je suis trempée. Il ne me reste plus qu'à me changer. Ma mère a toujours eu honte de nous voir mal habillés. C'est un simple constat, elle ne fait rien pour embellir nos tenues. Nos vêtements sont toujours chiffonnés, rien n'est jamais repassé. Pour habiller toute la famille, nous aurions pu nous faciliter la vie avec l'aide du Secours Populaire. Mon père est trop fier pour se présenter avec tous les enfants, nous y allons tous les deux. Ce n'est pas facile de s'y retrouver dans les tailles. Les manteaux sont souvent trop grands, ce n'est pas le plus gênant, nous rabattons les manches pour protéger un peu nos mains nues. Le plus compliqué, ce sont les chaussures. La dernière fois j'ai rapporté une robe de chambre bien chaude à chacun, cela évite de grelotter de froid toute la nuit.

Le Secours Populaire est loin de la maison et à deux, nous ne pouvons pas porter beaucoup de paquets. Si ma mère était venue avec une de mes sœurs, à quatre nous aurions pu emporter davantage de choses.

Il est arrivé qu'une sœur de ma mère nous donne des vêtements mais ce sont des vêtements d'adultes. Je me souviens tout particulièrement d'un imperméable jaune, une jupe jaune assez courte, des bottes jaunes en plastic (vive la Normandie !) et des jaunes tous différents, une véritable horreur ! Les bottes et la jupe sont de la taille de Marilyne, l'imperméable est trop petit pour elle. Seconde sur la liste des essais, je remonte les épaules au maximum pour faire croire à ma mère qu'il est vraiment trop grand :

– Eh bien, tu le mettras dans un an ou deux.

Je suis ravie, ça a marché ! D'ici là, ma mère aura peut-être oublié son existence ou il finira vraiment par être trop petit. En attendant Marilyne va au collège avec les bottes et la jupe. Les essais se suivent et ne se ressemblent pas. Marilyne a un peu plus de douze ans, elle commence à avoir des formes ce que ma mère supporte mal, elle n'a jamais eu de poitrine.

Un jour de cet hiver 1979 où il neige abondamment, Marilyne doit essayer des vêtements. Ma mère a commencé à s'énerver et tout à coup elle lui a arraché ses habits. Marilyne est entièrement nue et ma mère la pousse dehors dans la cour. Nous sommes affolés. Nous apercevons Marilyne se recroqueviller petit à petit, elle n'a que ses bras pour se protéger. Dans la courette, il y a bien le cagibi mais c'est le domaine de Belle et elle ne laisse approcher personne. Avec Émilie et Sébastien, nous supplions ma mère à genoux de mettre fin à cette punition encore plus dramatique et plus injuste que les autres. La scène me paraît interminable et il faut de longues minutes avant que ma mère ouvre la porte pour lui dire de rentrer. Marilyne a du mal à se redresser, elle a du mal à mettre un pied devant l'autre. Son corps n'est plus qu'un interminable tremblement douloureux. Elle passe par toutes les couleurs, elle est bleue, blême puis rouge. Nous essayons de ranimer ses membres endoloris. Son corps est tellement raidi par le froid que nous sommes obligées de l'habiller. Elle ne dit rien, elle pleure en silence. Ma mère s'est assise, elle nous regarde faire sans dire un mot.

L'hiver est long et l'argent fait souvent défaut. Pour remplacer le charbon que nous n'avons pas les moyens d'acheter, nous faisons brûler des cagettes que nous récupérons auprès des deux supermarchés les plus proches de la maison. Il y a deux sortes de cagettes : des petites et des grandes. Les petites sont beaucoup plus solides et plus difficiles à casser en petits morceaux mais le bois est de meilleure qualité, il encrasse moins le poêle. Les employés des réserves nous connaissent bien et ils nous les mettent de côté. Ce n'est pas lourd mais c'est encombrant à transporter. On ne peut en porter que deux ou trois à la fois, il faut faire de nombreux voyages. Ma mère a décidé que c'est le travail de Marilyne de découper les cagettes mais elle ne la trouve pas suffisamment rapide :

– Va l'aider cette cloche !

Nous les cassons avec nos pieds dans la courette. Quand nous ramassons les morceaux, il faut faire attention aux agrafes et aux clous qui nous blessent jambes et mains. Quand le porte-monnaie est ainsi au plus bas, mon père n'achète plus son journal. Nous essayons de trouver des petits journaux de quartier gratuits pour démarrer le feu ou bien nous essayons de récupérer les invendus chez le marchand de journaux quand il peut nous en donner. Ces jours-là, au menu du petit déjeuner, c'est une soupe à l'oignon. Si mon père reste à la maison, il peut passer plusieurs heures à confectionner des crêpes ou bien un immense gâteau de riz au chocolat qu'il coupe en petites parts ou bien avec du vieux pain, il fait un pudding. L'un ou l'autre de ces plats permet de caler les estomacs.

Mon père sollicite tout le monde. Il nous a souvent envoyés emprunter de l'argent auprès des voisins ou des commerçants. De sa belle écriture, il rédige toujours le même petit mot :

– Pouvez-vous nous prêter cinquante francs, je pourrai vous rembourser au plus tard au début du mois prochain.

C'est arrivé trop souvent sans que personne ne revoie jamais la somme prêtée, maintenant nous essuyons des refus catégoriques. J'ai souvent honte pour lui, il lui arrive de nous faire une liste de courses bien trop longue pour la somme qu'il nous donne. Nous savons ce qu'il nous reste à faire. Notre voisine, Madame Antoine, a toujours été très gentille avec les enfants. Nous la connaissons bien car elle travaille à l'école maternelle où nous sommes tous allés. Elle accepte toujours de nous dépanner pour du lait ou du pain. Tous nos voisins immédiats sont agréables mais ils se tiennent à distance de mes parents. Mon père a toujours une réflexion désagréable, parfois une insulte à leur adresser. Pourtant je suis sûre qu'ils auraient été ravis de nous aider de temps en temps. Monsieur Janvier a un petit jardin à la périphérie de la commune où il cultive fruits et légumes, un jour il propose des légumes à mon père qui prend cette proposition de très haut, il s'estime offensé, il le prend pour un mendiant :

– Nous n'avons besoin de rien et surtout mêlez-vous de vos affaires !

Il offre un tout autre visage quand il effectue des démarches auprès des services sociaux de la mairie ou bien à la Caisse d'allocations familiales. Il s'assoit la tête légèrement inclinée en avant, l'air profondément triste, il incarne toute la misère du monde. Il obtient rarement de l'argent surtout des bons alimentaires dont il ne se sert jamais lui-même, c'est nous qui les utilisons. Je comprends sa réticence, je n'aime pas non plus les regards qu'ils suscitent ou bien ce léger frémissement, l'esquisse d'un mouvement de recul comme pour se protéger, de quoi ? Ce n'est pas contagieux !

Mon père est très méticuleux. Son apparence ne laisse pas supposer la vie qui est la nôtre. Il attache beaucoup d'importance à tout ce qui se voit. Il repasse bien soigneusement le col et les poignets de ses chemises qui paraissent bien nettes sous son pull-over. Le samedi, il m'emmène souvent en ville. Nous allons à pied jusqu'au centre ville, de temps en temps pour faire une course mais c'est un prétexte, principalement pour prendre un verre, c'est une expression car je n'arrive pas vraiment à les compter. Il ne me parle pas, il fume. Quand mon verre de diabolo est vide, il me demande si j'en veux un autre, ce sont les seules paroles qu'il m'adresse de tout l'après-midi. Suivant les moyens du jour, mon père peut aussi fréquenter de grandes brasseries. Je profite de ces heures d'inactivité totale pour prendre un bain de vie ; les gens se parlent, discrètement ou de façon animée sans pour autant s'agresser, ils sourient, ils rient parfois ils pleurent : ils sont vivants. Je bois littéralement leurs paroles, la façon dont ils s'expriment. Je leur prête mille vies. J'essaie de déchiffrer ce monde qui nous échappe. Je ne les envie pas, leur présence me rassure, il existe vraiment autre chose. Sur le chemin du retour, nous nous arrêtons très souvent dans les bars, il discute un peu avec les clients ou avec le patron. J'entends leurs conversations :

– Tu as vu la petite, c'est la fille de Jean, elle est bien mignonne !

… Ainsi il m'emmène uniquement pour se faire valoir, il se sert de moi pour donner à sa vie une apparence honorable. Il fait de moi la complice de cette imposture. Plus je vois vivre mes parents, plus je deviens exigeante, je place la barre de plus en plus haut.

1979

Les premiers mois, Marie a été un bébé extrêmement sage. Du moment que ma mère ne s'occupe pas d'elle, elle la laisse tranquille. Les premiers signes inquiétants se manifestent vers l'âge de huit ou neuf mois, à la façon très brusque de l'asseoir sur sa chaise. Les choses vont véritablement empirer quand Marie va commencer à marcher. Pour éviter d'avoir à s'occuper d'elle quand nous sommes à l'école, ma mère la fait dormir une grande partie de la journée, le soir Marie n'a pas du tout envie de dormir. Ma mère nous oblige à la coucher toujours à la même heure. Marie passe ses soirées à pleurer dans son lit, les aînés se sont endormis sans qu'elle soit encore parvenue à trouver le sommeil. Ce sont surtout les repas qui sont devenus des moments très difficiles. Son ordinaire se compose d'œufs qu'elle a en horreur et de semoule mal cuite qu'elle n'apprécie pas davantage. Tour à tour, Marilyne et moi, nous essayons de la faire manger. C'est trop lent pour ma mère, nous sommes des incapables. Elle menace en permanence de prendre notre place. Nous appréhendons ce qui finit par arriver, elle nous arrache la cuillère des mains et elle essaie de la faire manger de force. Il arrive que les gencives de Marie saignent mais elle se refuse catégoriquement à absorber ce qui lui est servi.

Ces scènes quasi quotidiennes créent un climat d'angoisse supplémentaire. Nous commençons à prendre la mesure de la haine que Marie inspire à ma mère. Elle avait fondé beaucoup d'espoir sur le père de Marie pour se construire une nouvelle vie. Elle a essayé de rester en contact avec lui mais il lui a vite fait comprendre qu'il ne veut plus la voir et qu'elle doit cesser de l'importuner. Ses désillusions et sa rancœur se reportent sur Marie qui est déclarée coupable, son crime c'est d'exister. Elle rejette au-delà de tout cette représentation vivante de son échec. L'apparence de Marie excite la curiosité du voisinage. Nous la promenons dans le landau bleu marine familial. Il a eu plus fière allure, les roues sont maintenant voilées, il tient avec des bouts de ficelle. À notre passage, les commentaires vont bon train, ils ne font qu'accroître les ressentiments de ma mère.

Pour détendre un peu l'atmosphère, nous essayons de lui faire plaisir. C'est le printemps, nous allons cueillir du lilas le long des voies de chemin de fer. Ma mère adore ces fleurs qui sentent si bon, la maison paraît tout de suite plus belle. Il y a une chose qui la calme, elle aime que je la coiffe. Elle a de très longs cheveux, j'essaye de réaliser différentes coiffures. Je fais de mon mieux avec plaisir et attention. Je me souviens de ses couleurs préférées de maquillage : pour les paupières, du vert, elle aime le fard à joues rose et du rouge à lèvres très clair dans les tons abricot. Elle aime tellement se faire coiffer et maquiller, après elle semble plus sereine. En fait, il faudrait une personne pour s'occuper d'elle en permanence.

Quand elle est de bonne humeur et qu'en plus l'électricité fonctionne, notre plaisir le mercredi, c'est de regarder *La petite maison dans la prairie*, c'est notre programme préféré, il nous fait rêver. Mes sœurs me laissent toujours demander l'autorisation mais les mercredis où ma mère est de mauvaise humeur, la télévision reste éteinte.

Le dernier trimestre d'école se passe sans événement particulier. En juin, Sébastien va avoir cinq ans. Il parle de ses copains à l'école qui fêtent leur anniversaire. Même pour lui mes parents ne font pas d'exception. Pour marquer le jour j'ai décidé de confectionner un gâteau à ma façon. J'ai acheté des petits gâteaux secs, les moins chers, je les ai réduits en poudre que j'ai mélangée avec de l'eau. J'ai rempli un bocal en verre de cette mixture et je l'ai laissée prendre pendant vingt-quatre heures. Le gâteau a ensuite été démoulé et découpé en petites parts. Le résultat est un peu dur sous la dent mais nous sommes ravis de le déguster.

Avec des cartons récupérés au supermarché, nous avons confectionné des cabanes. Avec un bout de tissu, la cabane s'est transformée en tente. Nous avons si peu de temps pour le jeu que nous essayons de profiter de chaque seconde de ces moments rares. Avec les vacances scolaires, nous sommes là en permanence, Marie a des horaires plus réguliers, elle se dépense dans la journée au lieu de dormir, elle a plus d'appétit et les soirées sont plus calmes. Ma mère achète parfois des glaces au marchand ambulant qui passe dans le quartier.

Dans le rythme de vie de mon père, il n'y a jamais de vacances. Une part toujours grandissante des ressources de la famille est engloutie dans ses consommations. Les fins de mois commencent de plus en plus tôt. En août, nous sommes à court d'argent. Il y a des mûres qui poussent le long des voies de chemin de fer. Nous passons un après-midi à nous écorcher bras et jambes pour récolter le contenu d'un seau entier sans compter celles que nous avons mangées sur place. Nous revenons très fiers à la maison avec le résultat de notre labeur pour améliorer l'ordinaire, juste un peu tachés... et avec le grand projet de confectionner des confitures. Nous avons à peine le temps de franchir la porte de la maison, ma mère se met à hurler de nous voir dans un état qualifié de lamentable. De rage, elle se précipite sur le seau et elle déverse son contenu directement dans la poubelle. Nous sommes sidérés de la voir jeter de la nourriture alors que le porte-monnaie est vide.

Dès que ma mère est contrariée, elle se venge sur Marilyne, toujours quand elle a le dos tourné. Marilyne partage maintenant cette infortune avec Marie. Quand il est présent, mon père arrive un peu à la tempérer mais on sent ma mère tourner comme un lion en cage autour de Marie en attendant que mon père quitte la maison. La rentrée scolaire approche et je commence à imaginer avec angoisse les après-midi où elles vont se retrouver seules sans témoin. Ce n'est plus de l'inconscience, c'est du délire, bien que le niveau des ressources soit précaire, en début de mois ils n'hésitent pas à reprendre leurs soirées restaurants, maintenant ils sortent seuls, ils n'emmènent même plus Sébastien.

Monsieur Roche

En septembre 1979, je suis en CM1 dans la classe de monsieur Roche. C'est un homme exceptionnel que j'ai adoré. Je ne l'ai jamais vu faire la moindre différence entre les élèves. Sa classe est un havre de paix. Sous des airs débonnaires, il est très écouté et respecté. Je l'observe souvent, ses petites manies m'amusent. Quand il surveille les enfants pendant un contrôle en classe, il a toujours les mains au fond de ses poches, dès qu'il les retire, je sais que le temps imparti est bientôt écoulé. Il en est de même au cours des récréations. Je ne regarde jamais l'horloge dans la cour, j'observe l'attitude de Monsieur Roche pour savoir si je peux encore continuer à jouer. Il m'a surnommée la “souris grise” à cause de ma taille et d'un petit bonnet de la même couleur. Dans la cour, il est toujours en train de me chercher, il dit que j'ai le don de me faufiler partout. À chaque fois qu'il m'appelle au tableau, il souligne :

– Ah ! Le tabouret !

Sans cette aide, je serais trop petite pour écrire. Si je ne connais pas la réponse à la question posée, avec lui je n'éprouve aucune appréhension. La cour de récréation est mon laboratoire d'étude sur le monde des adultes. J'observe leurs comportements ; qui parle avec qui. Je vois toujours les mêmes instituteurs se regrouper, ceux qui restent très présents au milieu des enfants, ceux qui font bande à part. Je n'ai pas souvent vu Madame X… descendre au moment des récréations. Si elle vient dans la cour, elle reste à bonne distance de ses collègues. De la fenêtre de sa classe, elle surveille son fils, Marc, jouer dans la cour. C'est un garçon que j'aime beaucoup. Nous étions dans la même classe il y a deux ans, nous étions inséparables. Maintenant dès que je l'approche, il me regarde, il n'ose même plus me parler, je le sens gêné… J'ai bien compris que du premier étage, la tour de contrôle veille, Marc est prié de choisir ses camarades de jeux avec soin.

Pourtant sans ce minimum de vie sociale que me garantit l'école, j'aurais déjà sombré dans un profond désespoir. C'est mon oxygène, ma sortie de secours, l'univers qui me maintient en vie, celui où j'arrive à peu près à me sentir une enfant comme les autres ; j'aimerais être jugée sans a priori, uniquement pour ce que je suis. Je ne parviens pas toujours à donner le change. Il m'arrive d'être inconsolable, pourtant je n'aime pas me donner en spectacle, je fais mon possible pour attendre la récréation et enfermée dans les toilettes, laisser libre cours aux larmes trop longtemps retenues. Je suis incapable de donner une explication. La parole serait salvatrice mais je n'ose rien dire, la honte que m'inspire le comportement de mes parents est une chape de plomb trop lourde à soulever, seule.

Mon père supporte de plus en plus mal la situation qu'il a lui-même créée même s'il n'en parle jamais. Il s'échappe à l'hôpital où il fait des séjours prolongés. Marie se retrouve seule en première ligne. Quand nous rentrons de l'école, il suffit de la regarder pour savoir comment la journée s'est passée. Ma mère est toujours aussi imprévisible, parfois elle la laisse tranquille. En l'absence de mon père, ma mère organise sa vie à la maison, elle y reçoit son amant du moment. Je me souviens particulièrement d'un homme brun, élégant, il porte un bel imperméable beige comme je n'ai jamais vu mon père en porter. Je me souviens de lui, planté dans la pièce en bas, attendre en silence que nous ayons disparu du paysage, je ne revois pas son visage et je ne cherche pas à m'en souvenir. C'est exceptionnel car généralement ils arrivent tard, nous sommes déjà couchés. Un soir je glisse dans notre chambre et je tombe tête la première sur une des petites voitures de Sébastien, je descends voir ma mère. Je la dérange, elle n'est pas seule. Elle jette un vague coup d'œil :

– C'est rien, va te recoucher.

Son visiteur est moins catégorique, il lui fait remarquer que la plaie semble profonde mais elle reste sur sa première impression. Je remonte à l'étage. Je me débrouille avec les moyens du bord. À défaut de coton ou de compresse, j'utilise des feuilles de cahier pour arrêter le saignement. Une autre fois, je veux descendre aux toilettes, quand j'ouvre la porte, un homme se tient debout dans la chambre de ma mère, il me tourne le dos, il est nu :

– Marilyne, viens voir.

L'unique vision de cet inconnu nous a fait sourire. Sans bruit nous refermons la porte : il ne faut pas que les petits voient cela. Heureusement, il existe des Monsieur Roche pour ne pas totalement désespérer du genre humain.

1980

Mon père était de retour pour Noël. Comme chaque année, ce fut la trêve, toute relative, ils n'avaient pas l'esprit à faire la fête. En janvier, chacun a repris le cours de sa vie. Mon père est à nouveau hospitalisé, ma mère reçoit toujours à la maison. Seule, elle fait quelques tentatives pour cuisiner, c'est un combat singulier avec les éléments qu'elle n'arrive pas à maîtriser. Le moulin à café électrique est notre hantise, elle a du mal à refermer correctement le couvercle ; un nuage de café se répand en fine poussière qui se loge dans le moindre interstice.

Elle veut demander le divorce ! Elle est allée au palais de justice pour se renseigner, elle a même pris le bus pour s'y rendre. C'est pour elle une démarche extraordinaire mais qui ne dépasse pas le stade de la simple intention. Elle se plaint souvent quand elle a ses règles. Elle est encore plus énervée que d'habitude. Nous maudissons ces périodes du mois plus que les autres. Ce mois-ci elle n'a rien dit… Le mois suivant non plus.

– Tu crois qu'elle est enceinte ?

Voici à 11 et 13 ans nos inquiétudes du moment. Ne plus avoir ses règles, c'est la seule chose que ma mère apprécie pendant une grossesse. Dès qu'elle commence à se sentir un peu serré dans sa jupe, toujours de taille 36, c'est le drame. D'habitude très coquette, nous trouvons qu'elle prend de moins en moins soin d'elle. Avec angoisse et résignation, nous commençons à imaginer le travail supplémentaire qui nous attend pour cette nouvelle naissance prévue à l'automne. Nous allons être huit à vivre dans ce minuscule espace. Dans le lotissement où habite Stéphanie de l'autre côté de la rue, les maisons sont plus grandes, il y a quatre chambres au lieu de deux. La maison juste en face de nous est occupée par un monsieur qui vit seul depuis la mort de sa femme. Mes parents l'observent avec aigreur mais ils ne font aucune tentative pour prendre contact avec lui afin d'envisager un échange. Comme d'habitude, ils se plaignent mais ils ne font strictement rien.

Michelle a eu une nouvelle bicyclette pour son anniversaire, elle est très gentiment venue m'offrir l'ancienne. Elle est bleue et j'en suis très fière, c'est mon premier vélo.

Cher Sébastien, avec toi il n'a pas duré très longtemps !

Un matin réveillé aux aurores, il a organisé un cyclo-cross autour du pâté de maisons, le vélo revient avec la tête d'un boxeur groggy, plein d'ecchymoses, bon pour la casse. Sébastien ne casse pas que les vélos, c'est un habitué des plâtres : jambe, bras, poignet... Ces périodes où il porte un plâtre, sont synonymes d'un peu plus de calme. Il adore jouer à la bagarre mais avec cette armée de sœurs, il ne rencontre que bien peu d'opposition et il n'a pas toujours conscience de sa force. Il va avoir six ans. Ses longs cheveux bouclés lui arrivent aux épaules. J'en ai marre de l'entendre se faire traiter de fille. Un jour où mes parents sont absents, j'effectue ma première coupe de cheveux ! Le plus difficile est d'arriver à ce qu'il reste assis sans bouger. Avec l'aide de bonbons, j'arrive à mes fins, je suis assez contente du résultat ; mes parents ont été surpris mais ils ont trouvé la coupe à leur goût.

Quand mon père a su que ma mère envisageait de divorcer, il s'est engagé à faire des efforts pour améliorer notre situation, promesse sans lendemain. Il sait bien que dans son état, ma mère ne partira pas. Il est tranquille pour plusieurs mois. C'est la politique du tout ou rien. En début de mois, quand il y a encore matière à cuisiner, il nous arrive de trouver sur la table : un coq au vin ou un bœuf mode, des pommes bien croquantes. Les sauces tomate sont toujours maison. Il apporte également un soin particulier à la présentation des plats. Il n'a pas toujours que de bonnes idées. La bouteille de butane est vide, il décide de faire cuire le menu du jour sur le barbecue dans la courette. L'ordinaire se compose de pieds de cochon… très vite la graisse fond comme neige au soleil et il ne reste plus que les os à manger et les hurlements de ma mère.

Marie a deux ans. Ma mère refuse toute manifestation de sa présence, même le simple son de sa voix, il lui est même interdit de pleurer en sa présence. Si elle n'arrive pas à se contenir, ma mère plaque sa main sur sa bouche :

– Toi, je ne veux pas t'entendre !

C'est terrible de la voir pleurer en silence ou pire d'attendre d'être seule dans son lit. Pendant ses crises, ma mère ne la laisse pas s'asseoir, elle doit marcher de long en large dans la pièce, pendant des heures elle effectue des allers et venues d'un mur à l'autre. Quand elle passe à sa hauteur, ma mère la frappe, parfois elle la regarde simplement passer. Ma mère ne lui sert jamais un petit déjeuner, elle n'accepte pas davantage sa présence pour le déjeuner. Mon père ne dit rien. Il n'a pas cherché à s'opposer à ma mère quand ils ont trouvé sur un trottoir un ancien bureau d'écolier avec le banc attaché à la table. Ils l'ont installé dans la salle d'eau. Marie prend seule ses repas de midi face au mur toujours dans un profond silence. Le soir, elle dîne avant nous.

Nous achetons ce que nous pouvons pour apporter un complément de repas pour Marie. Notre principale source de revenus provient de l'argent que ma mère nous donne pour la laverie automatique. Nous avons de l'argent pour deux machines et nous essayons de n'en faire qu'une seule afin de pouvoir conserver quelques pièces. La plupart du temps, elles sont utilisées pour Marie. Quand nous avons vraiment trop faim, nous achetons une baguette de pain pour caler nos estomacs. Un jour, nous avons vraiment trop chargé la machine, la mousse déborde de partout. La laverie est devenue un champ de neige bien glissant ! Les raisons de rire sont rares, il faut savoir les saisir au vol. Le linge est tout collant et plus d'argent en poche. De retour à la maison, ma mère hurle, une dépense supplémentaire et surtout à nouveau les deux aînées absentes de la maison pendant le temps nécessaire à relaver le linge.

Quand ma mère laisse Marie tranquille, Marilyne prend le relais. Il est rare qu'elle la laisse passer une journée au centre aéré. Chaque bonne intention apparente en cache toujours une plus insidieuse. Un jour, ma mère accepte qu'elle y aille mais elle l'oblige à porter la fameuse jupe jaune devenue encore plus courte car Marilyne a beaucoup grandi et, pour compléter sa tenue, des chaussures à talons hauts… Le thème de la sortie en forêt avec le centre aéré porte sur la construction de cabanes en fougère ! Marilyne est en larmes. À l'arrêt du car de ramassage, nous retrouvons Stéphanie et sa sœur. Je les supplie pour que l'une d'elles reparte chercher d'autres vêtements pour Marilyne. Stéphanie revient avec un short, c'est déjà moins pire que la mini jupe mais il reste les chaussures. À la descente du car, tout le monde la regarde, animateurs et parents venus accompagner leurs enfants. Les animateurs ont souvent des vêtements à prêter mais ils n'ont aucune paire de chaussures à sa taille. Marilyne reste la journée au centre sans pouvoir nous accompagner au Parc des Chartreux.

Ma mère ne recule devant rien, il n'y a pas de limite à l'escalade, elle arrive toujours à inventer quelque chose de plus cruel. Marilyne souffre toujours de ses problèmes d'incontinence. J'ai vu ma mère l'obliger à partir au collège avec sa chemise de nuit sous sa jupe en prenant soin de vérifier qu'elle n'emporte aucun autre vêtement pour se changer en chemin.

Je voudrais un petit miracle pour que nous puissions enfin vivre une vie normale, je ne sens que mon impuissance face à une situation qui nous dépasse. Lors d'une sortie en forêt pour un jeu de piste, je fais équipe avec une copine. Elle se plaint parce qu'elle s'entend mal avec ses parents. L'idée ne nous est pas venue tout de suite mais nous avons commencé à sortir du parcours tracé :

– Pourquoi on ne se sauverait pas ?

Nous laissons derrière nous les arbres marqués d'un trait rouge, c'est la première fois que j'imagine qu'en disparaissant un moment, je pourrais attirer l'attention sur notre sort. J'ai mal choisi ma coéquipière, ses motivations me paraissent sans commune mesure avec les nôtres. Je doute du résultat et j'abandonne l'idée d'aller plus loin dans cette démarche, nous rejoignons les autres.

Septembre 1980

C'est ma dernière année à l'école primaire. L'instituteur de CM2 est bien différent de Monsieur Roche. Il est beaucoup plus jeune, très distant, il ne sourit jamais. D'un simple regard, il a l'habitude d'obtenir ce qu'il veut. La rentrée est avant tout marquée par la naissance de Frédéric à la mi-octobre. Ma mère est contente que ce soit à nouveau un garçon. Elle s'occupe volontiers de lui mais elle se décharge sur nous dès que nous sommes à la maison. La présence de Frédéric ne change rien à son attitude envers Marie. Au cours de ces premiers mois, elle se focalise juste un petit peu moins sur elle. Nous reprenons le chemin de la PMI, toujours les mêmes questions auxquelles nous faisons les mêmes réponses. La PMI continue à nous aider avec quelques boîtes de lait en poudre et des couches. Nous récupérons tout ce qui nous paraît utilisable comme les rouleaux de papier qui servent à protéger les tables à langer. En empilant les feuilles que nous découpons, nous en faisons des couches. Nous gardons les vraies pour la nuit pour avoir une chance de dormir tranquille. Il nous est arrivé d'utiliser du papier journal que nous enveloppons dans des couches en tissu que nous lavons chaque jour à la main, nous n'en avons pas assez pour attendre la tournée hebdomadaire à la laverie.

Quand mon père est présent à la maison, ma mère prend le relais, elle est hospitalisée régulièrement pratiquement tous les mois. Parfois ce sont de vraies crises, elle arrive également à les provoquer. Elle connaît bien les effets des médicaments qu'elle prend, elle a eu le temps de les tester. Si elle augmente les doses, la crise survient très vite. Elle ne s'absente jamais avant que le facteur ne soit venu verser le montant des allocations familiales. Quand elle est hospitalisée, elle part avec une partie de l'argent qu'elle nous redonne au fur et à mesure de nos visites :

– Planquez-le qu'il ne le trouve pas !

Nous croisons les médecins qui la soignent mais nous sommes uniquement en contact avec les infirmières, elles nous donnent de ses nouvelles :

– Votre maman va mieux

ou bien,

– Aujourd'hui elle est très fatiguée, elle se repose, il vaut mieux ne pas la déranger, je lui dirai que vous êtes venues.

Bien que ma mère soit fréquemment hospitalisée, personne ne s'inquiète de nos conditions de vie, ma mère doit pourtant avoir un dossier médical conséquent. Comment peuvent-ils faire l'impasse totale sur le caractère violent de son comportement, surtout avec six enfants à la maison ? Suivant l'état dans lequel elle se présente, elle est admise à l'hôpital ou bien elle est envoyée en maison de repos. Ce choix s'effectue bien en fonction d'éléments concrets d'appréciation. Ils traitent l'instant présent sans jamais pousser plus loin leurs investigations. Aucune solution de fond n'est recherchée, ils ne soignent pas, ils font du gardiennage. La principale préoccupation de ma mère loin de la maison, c'est le manque de nourriture. À l'hôpital, elle met de côté tout ce qu'elle peut : yaourt, confiture, petits gâteaux ou fruits pour nous les donner. À chacune de nos visites, c'est toujours sa première question :

– Avez-vous assez à manger ?

Il est vrai qu'il est devenu impossible de garder quoique ce soit de personnel à la maison, même les plus petites pièces de monnaie disparaissent ainsi que tout objet qui représente une valeur marchande, même minime. J'ai fini par installer une cachette sous une pierre le long de la voie ferrée, elle fait, tour à tour, office de tirelire ou de garde-manger.

Le décalage entre ma vie d'écolière et notre vie à la maison s'accentue. L'instituteur veut préparer les enfants à l'entrée en sixième et il attend des résultats, ce qui est tout à fait légitime. Nous devons régulièrement choisir un livre à la bibliothèque de l'école. Nous avons ensuite quelques jours pour le lire et en faire un résumé. C'est une tâche difficile pour moi surtout par manque de temps. À la maison, il n'est pas question de consacrer du temps à la lecture, lire est synonyme d'oisiveté. Le seul moment que je trouve, c'est sur le trajet de l'école. Je lis en marchant, je lis le début et la fin, parfois quelques pages. Parfois je n'ai le temps de lire que le résumé au dos de la couverture. Mes résultats sont catastrophiques.

L'instituteur me donne toujours la même punition, des lignes à copier, punition que ma mère refuse de me laisser faire. Le lendemain, la punition est doublée ; comme il n'obtient pas ce qu'il veut, il a fini par se mettre vraiment en colère. Je dois me justifier. Je lui explique que je manque de temps et que ma mère n'accepte aucun travail scolaire à la maison. Il ne dit rien, son silence ne me gêne pas mais je voudrais pouvoir échapper à son regard qui me fait part de tout le mépris que mes explications lui inspirent. À compter de ce jour il n'insiste pas, il préfère m'ignorer. Il continue à m'interroger seulement pour les récitations. Il a bien compris la situation mais il ne fait pas exception à la règle. Comme tous les autres enseignants que j'ai croisés sur ma route d'écolière, il ne demande pas davantage à rencontrer mes parents. En dehors des activités scolaires, il essaie de me porter quelque attention. Quand nous allons à la piscine, il a toujours la même phrase :

– Fais attention ! me dit-il.

Je ne sais pas très bien à quoi il fait référence avec ses conseils de prudence.

À l'occasion d'une sortie en forêt organisée par l'école, nous devons étudier les différentes espèces de feuilles et chercher des tritons. La veille, il s'inquiète de savoir si j'ai des bottes. Je peux le rassurer, j'ai bien une paire de bottes, les fameuses bottes jaunes trop petites pour Marilyne et bien trop grandes pour moi mais j'en fais mon affaire. Cette promenade a été immortalisée par une photo qu'il m'a donnée. Je suis très fière des tritons que j'ai trouvés. Nous les transportons dans des petits sacs en plastique. L'instituteur semble très dubitatif :

– Es-tu sûre que tu peux rapporter ces tritons à la maison ?

– Oui, sans problème !

Sans problème, c'est vite dit mais je tente ma chance. Quand ma mère a vu le contenu du sac, elle m'a seulement dit :

– Tu t'en occupes, je ne veux pas voir traîner ça.

Je suis même allée plus loin. À table, j'attends qu'elle ait le dos tourné pour verser le contenu du sac, eau et tritons dans son assiette. Mes frères et sœurs m'ont dit :

– Tu es folle, elle va hurler !

Ma mère a toujours eu des réactions surprenantes, elle n'a rien dit, au contraire elle a même ri.

Marilyne m'a dit :

– C'est bien parce que c'est toi, jamais elle n'aurait accepté cela de ma part.

J'ai même eu le droit d'aller acheter un récipient en plastique dans lequel j'ai installé les tritons. Le boucher a bien voulu me donner quelques petits morceaux de viande pour les nourrir. Il nous connaît bien même si nous venons rarement, uniquement en début de mois. Nous achetons toujours la même chose quel que soit le nombre de personnes dans la famille : six tranches de jambon. Nous avons toujours tellement faim que sur le chemin du retour, nous découpons des petits bouts tout autour. Ma mère est furieuse contre le boucher car elle aime les tranches bien nettes. Parfois nous achetons des steaks, entiers pour mes parents, pour les enfants, la viande est hachée, facile à prélever ; tant bien que mal, nous reconstituons les parts. Même devant des assiettes pleines de vide, mes parents attachent beaucoup d'importance à leurs rituels. Le repas ne commence jamais sans que mon père ait tracé une croix sur le pain, que ma mère par superstition ne supporte pas de voir penché, elle remet toujours la baguette bien droite.

À l'école, nous avons eu la visite d'un grand camion rouge et blanc pour la prévention des caries dentaires. Après un examen individuel, une petite pochette avec une brosse à dents et un tube de dentifrice ont été remis à chaque enfant. C'est un petit trésor que je rapporte précieusement à la maison, étrangement moins bien accueilli que les tritons :

– Range-moi ça, je ne veux pas voir traîner ce truc-là.

Je le cache pour qu'il ne termine pas directement à la poubelle avant que j'aie eu le temps de l'utiliser. Ces petits riens, grappillés ici ou là, sont autant de lueurs qui ouvrent le chemin, je ne dois pas renoncer, je veux essayer de profiter de tout ce qui passe à ma portée, quelles qu'en soient les conséquences.

Un de mes camarades de classe organise une boum samedi pour son anniversaire. Il m'a invitée. J'ai accepté. C'est impossible que je manque une telle occasion. Comme ma mère refuse systématiquement toute invitation, il est inutile d'aborder le sujet. J'ai trop envie d'y aller et puis j'ai dit que je viendrai. Je profite de la consigne du jour qui se répète les jours sans école : rester assis par terre sans bouger au bout du lotissement, loin des fenêtres des voisins, là où notre présence sera le moins remarquée. Tout l'après-midi, je fais des allers et venues et par épisode, je participe à la fête. Ma mère passe de temps en temps contrôler ses troupes. Pas de chance cette fois-ci je ne suis pas revenue assez vite : colère, cris, gifles… Tant pis au moins j'ai ri, j'ai dansé et mangé plein de bonbons.

1981

En ce début d'année 1981, ils poursuivent leur route sur des chemins sans issue, ils ne font aucun effort chacun à leur niveau. Mon père engloutit à lui seul une grande partie des ressources familiales, ma mère ne prend toujours aucune précaution. Elle est à nouveau enceinte. C'est dur de le dire mais nous sommes consternées par cette nouvelle. Frédéric a six mois, les deux enfants auront à peine une année de différence. J'ai bien du mal à imaginer l'avenir avec ces naissances à répétition, ma mère est jeune, elle a eu trente-trois ans en novembre, il n'y a pas de raison que cela s'arrête.

Ma mère ne s'occupe plus d'elle mais elle redouble d'énergie à l'égard de ses victimes. Pour Marilyne, le moindre geste du quotidien est une épreuve du lever au coucher. Une fois que Sébastien et moi lui avons dit bonsoir, ma mère commence à s'impatienter avec Émilie. Quand vient le tour de Marilyne, elle est parfois accueillie par une claque. Ma mère ne la laisse pas s'approcher trop près d'elle, d'ailleurs ni l'une ni l'autre ne le souhaitent.

Avant de nous laisser monter, ils ont instauré une nouvelle étape. Alignées toutes les trois au bas de l'escalier, ils veulent, paraît-il, vérifier si tout va bien. Nous devons retirer notre chemise de nuit. L'une après l'autre, ils nous passent en revue. C'est une occasion de plus pour humilier Marilyne. Mon père se moque de ses formes comme s'il cherchait à tout prix à faire plaisir à ma mère, il la connaît si bien. Ils parlent en notre présence comme si nous n'existions pas. Ma mère critique mon père de ne pas travailler, mon père lui reproche de n'avoir jamais été capable de prendre la pilule :

– Regarde-moi ces cons de gosse, ils sont moches, mal fagotés, ils sont crados, nous aurions pu être tranquilles sans cette ribambelle d'enfants !

Nous sommes mal habillés, nous ne sentons pas bons mais le pire, c'est le sentiment de honte que suscite leur comportement. Le soir du 10 mai 1981, mon père arpente fièrement les rues du quartier une rose à la main. Les voisins rigolent, ils peuvent !

Pour Marie, il n'y a jamais de lendemains qui chantent, c'est sans espoir. Plus ma mère avance dans sa grossesse, plus le calvaire de Marie s'amplifie. Les mercredis sont les jours les plus durs comme si ma mère avait besoin d'un public. Elle cherche à anéantir toute réaction de notre part. La moindre tentative pour s'interposer ne fait qu'accroître son niveau de violence. Ce mercredi, Marie a une forte fièvre, ma mère s'acharne encore davantage :

– Mais arrête, tu vas la tuer !

En fin de journée Marie perd connaissance. Ma mère est prise de panique. Elle la prend dans ses bras, geste totalement inhabituel, je crois que c'est la première fois que je la vois le faire, dommage que ce soit dans ces circonstances. Elle lui passe un peu d'eau sur le visage, elle lui donne quelques petites tapes sur les joues pour qu'elle revienne à elle. Marie ouvre les yeux mais son corps ressemble à une poupée de chiffon. Ma mère demande à Marilyne de la mettre dans son lit à l'étage.

Je ne bouge plus, j'ai froid, je sens mes jambes trembler, j'arrive à m'asseoir. Les yeux fixés au plafond, tristesse immense de savoir Marie, là-haut, seule dans son lit. Je me sens coupable de ne rien faire. Comment pourrais-je combattre cette peur qui me paralyse ? Mon père est de retour à son heure habituelle, il a bu plus que de raison. Pour une fois dans son délire, il a décidé de dire bonsoir à tous les enfants, y compris à Marie. Après avoir vu les deux garçons, ma mère le devance et lui dit :

– Marie dort déjà.

Mon père insiste, il veut voir tous les petits. Pour une fois je suis contente de sa détermination car je sais qu'il va réaliser son état. Il a toujours besoin de se faire remarquer, c'est sa façon d'exister. Marilyne va la chercher dans son lit. En voyant Marie, il constate qu'elle est brûlante de fièvre, ma mère dit :

– Ce n'est rien, ça va passer.

Il insiste. Il me demande d'aller chez la voisine pour qu'elle appelle un médecin. Il n'a pas terminé sa phrase, je suis déjà partie en courant. Le médecin arrive rapidement. Nous ne le connaissons pas. Il prend tout son temps pour examiner Marie, je le vois nous observer l'un après l'autre, discrètement. Je le regarde fixement avec le plus d'expression possible mais sans pouvoir y mettre de mots. Je prie pour qu'il comprenne. Il a remarqué les bleus sur le corps de Marie. Il a vu également la marque que Sébastien a sur le cou. Il a l'intelligence de ne poser aucune question sur ce qu'il constate, calmement mais d'une voix ferme, il dit :

– Il est préférable de l'hospitaliser, elle a beaucoup de fièvre.

Un jour de chance ? J'espère qu'après cette soirée, les choses vont pouvoir changer. Ma mère est convoquée le lendemain à l'hôpital pour justifier des marques que Marie porte sur le corps. Elle est complètement désemparée, un mélange étrange de chagrin et de tristesse. Elle ne peut fournir aucune explication. Dans la foulée, elle est convoquée au tribunal. Amère désillusion, il ne se passe rien de déterminant. Elle est reconnue comme une personne dépressive, non responsable de ses actes et c'est tout ! Il y a juste quelques conditions imposées mais à titre provisoire.

Marie reste quelques jours à l'hôpital ce qui est incroyable c'est qu'elle ne veut voir que ma mère. Elle refuse ma présence et celle de mon père. Le premier jour quand nous arrivons, Marie joue dans le couloir, dès qu'elle aperçoit ma mère, elle se met à courir et elle saute dans ses bras. Ma mère est très désorientée, elle la garde un long moment sur ses genoux. Elle lui a apporté un paquet de gâteaux et des bonbons. Je reste stupéfaite de voir l'émotion qui se dégage entre toutes les deux, c'est presque un moment magique. Longtemps après, j'ai compris que Marie qui a pourtant une peur bleue de ma mère, essayait de tout faire pour se faire aimer d'elle. Ce jour-là ma mère a eu véritablement un comportement de maman, je les ai observées sans perdre un instant, je suis heureuse pour elles.

Après quelques jours d'hospitalisation, Marie est envoyée dans un centre à la montagne pour un mois. Ma mère a reçu une somme d'argent accompagnée d'une liste de choses à acheter : deux robes, un chapeau, des chaussures d'été, etc. Marie est revenue en pleine forme, toute bronzée, des petites joues bien pleines, ses cheveux ont bien repoussé, elle fait plaisir à voir. Les premières semaines, ma mère se montre gentille avec elle. Je trouve qu'elle en fait un peu trop. Elles partent toutes les deux en ville des après-midi entiers, elle lui offre des cadeaux, elle l'emmène au restaurant.

Malheureusement ma mère n'aime vraiment pas Marie, je crois même pouvoir dire qu'elle la déteste. Ma mère pourrait se contenter d'être indifférente, l'ignorer mais elle est incapable de prendre cette distance. Le juge a demandé qu'une assistance sociale vienne à la maison le mercredi après-midi pour observer le comportement de ma mère. L'assistante sociale est une personne très distante, elle se tient raide, assise au bout de sa chaise. Elle reste environ deux heures. De temps en temps, on entend le son de sa voix :

– C'est bien de faire comme ça.

Ou :

– Vous devriez faire de cette façon.

Une aide-ménagère a été prévue pour faire du repassage mais comme l'électricité ne fonctionne pas, il n'y a pas de suite donnée à cette proposition. L'assistante sociale a visité la maison, elle a constaté qu'il n'y a pas l'eau courante mais il faut croire que ce sont des conditions de vie normales, elle n'en fait jamais état. Elle est toujours prête à partir. Au bout de quelques semaines, elle arrête ses visites. Ma mère est à nouveau sans contrôle et le naturel revient très vite au galop. Les crises refont leur apparition et de plus belle ; les questions posées à l'hôpital ou au tribunal n'ont fait que décupler la haine de ma mère à l'égard de Marie. Le manque d'argent, les cris des enfants, tout est devenu insurmontable et elle ne supporte plus rien.

Septembre 1981

Une lueur d'espoir à l'horizon, Marie a eu trois ans cette année. Elle entre à l'école maternelle, elle va pouvoir enfin sortir de son isolement. Au fil des jours, ils ne vont pas manquer de s'interroger, ils vont réagir. En attendant, elle va pouvoir être loin de ma mère plusieurs journées par semaine, elle pourra déjeuner au milieu d'autres enfants. Elle va aussi progresser au niveau du langage. Elle parle très peu, juste quelques mots, bien difficiles à comprendre pour toute personne extérieure.

C'est ma première année au collège. J'ai l'impression de franchir un cap, je me sens tout d'un coup presque grande, le temps semble enfin s'être mis en mouvement. Je sais ce que j'ai perdu en laissant derrière moi l'école primaire. C'est la fin des "privilèges", plus de petits déjeuners avant la classe, ni de repas gratuit. Je ne peux plus récupérer ce que les enfants ne veulent pas. Il faut s'habituer à de nouveaux bâtiments, plus de professeurs, de nouveaux camarades. J'ai fait une entrée remarquée par un beau soleil de fin d'été équipée des fameuses bottes jaunes dans lesquelles je nage, je me tors les pieds dans les escaliers.

J'ai conservé ma garde rapprochée et dans l'ensemble, les enfants sont assez agréables. J'ai droit à quelques réflexions sur ma tenue vestimentaire mais elles ne m'affectent pas. Plus aucun enfant ne porte de blouse, mais à la maison nous aimons les traditions. J'ai une blouse gris clair que j'essaie de porter comme une robe, l'effet est assez réussi. Marilyne a quitté cet établissement.

Elle est entrée à l'école ménagère, elle apprend la couture, elle aime bien. Ce n'est pas du tout ce que j'envisage de faire mais la question n'est pas encore à l'ordre du jour.

Ma mère est sur le point d'accoucher. De toutes façons même si elle n'était pas enceinte, elle n'a pas envisagé un instant d'accompagner Marie à l'école. Toute la journée, je cours d'un point à un autre. Le matin je pars de bonne heure pour emmener Marie à la maternelle. En marchant d'un bon pas, il faut compter vingt minutes. Comme ma mère refuse toujours de lui servir un petit déjeuner, elle n'a pas la force de marcher, je dois la porter. Je m'arrête souvent sur le parcours pour me reposer. Quand j'ai quelques pièces, je m'arrête à la boulangerie pour lui acheter un petit pain. À l'école, je sais qu'une collation est servie aux enfants en début de matinée mais encore faut-il parvenir jusqu'à l'école. Comme je n'ai plus accès à la cantine, je rentre à la maison, c'est un trajet de plus à effectuer. Le soir, c'est la course dans l'autre sens pour aller la rechercher, je sors à la même heure qu'elle. Je revis mes premières années d'école avec une institutrice excédée d'avoir à m'attendre.

Ma mère peut envoyer Marie se coucher sans dîner. Je cache dans ma poche ce que je trouve, un morceau de pain, une pomme. Comme nous n'avons pas le droit de parler, nous nous comprenons par signe. Je fais comprendre à Marie qu'elle doit regarder sous son matelas. Elle est incroyable pour son âge, elle attend d'être seule pour sans bruit, avaler ce maigre repas. Elle prend soin de ne pas réveiller Frédéric avec qui elle partage désormais son lit, il a laissé le sien à Jérôme qui est né fin septembre. Heureusement, c'est à nouveau un garçon, toujours mieux accueilli que les filles.

Cela fait maintenant cinq ans que le personnel de la PMI n'a pas vu ma mère. En 1976 quand nous avons pris le relais, Marilyne avait 10 ans, j'avais 8 ans. Depuis 1978, c'est le troisième nouveau-né que nous leur présentons. Je perçois le malaise que suscite notre arrivée, je m'attends au traditionnel :

– Pourquoi votre maman n'est-elle pas venue ?

La question a changé :

– Mais avec qui vivez-vous au juste ?

Question emplie de doute et d'incrédulité mais sans véritable intérêt pour notre réponse. Au-delà de ce premier contact, le personnel reste de marbre. Pourtant nous sommes à la bonne adresse, leur vocation se décline en clair à l'entrée, gravée dans la pierre : centre de protection maternelle et infantile. À force de passer devant tous les jours, ils ont du en oublier le sens. Leur attitude est choquante mais ce ne sont pas les pires. Dans ce monde du silence, je voudrais décerner une mention toute spéciale à l'école maternelle. Marie arrive pratiquement tous les matins, avec une grosse bosse à la tête ou au front ; elle n'a plus de cheveux à certains endroits, ses lèvres sont coupées, elle a le teint gris. Un simple regard suffit pour constater son état. Au moment de la sieste, les enfants doivent retirer jupe ou pantalon, il faut vraiment refuser de voir pour ne pas constater les marques sur son corps. Quand nous arrivons le matin à l'école, Marie a encore les yeux tout gonflés tellement elle a pleuré, quand elle ne pleure pas encore. Pendant le trajet depuis la maison, je n'arrive pas toujours à la consoler. Sa maîtresse, en voyant la tête de Marie, me pose toujours la même question, à voix basse presque dans un murmure :

– Que lui est-il arrivé… encore ?

Je hais cet "encore" qu'elle accompagne d'un mouvement de la tête qui semble vaciller sur ses épaules, entraînée par un fardeau trop lourd. Désespérée, je lui réponds toujours la même chose :

– Elle est tombée, elle s'est cognée…

Je suis souvent au bord des larmes même si je fais de mon mieux pour ne pas pleurer devant Marie. Si elle ne fuyait pas mon regard, elle pourrait y lire la question qui me brûle les lèvres :

– Quand… ? Mais quand allez-vous faire quelque chose ?

Elle n'est pas seule, elle a des collègues, une directrice, une organisation, un système. Il y a un médecin scolaire. Sur une île déserte nous serions moins seuls, il nous resterait l'espoir que loin de cette solitude, les choses seraient différentes. Les mois, les années vont passer sans que jamais l'école n'intervienne d'une manière ou d'une autre, c'est véritablement de la non-assistance à personne en danger. Ils se contentent de la nourrir et de lui mettre des vêtements propres quand il y a un petit accident.

1982

Ma mère fait de nouveaux séjours à l'hôpital. Ce sont des jours d'absence à l'école pour s'occuper des petits, ce sont des périodes de calme pour Marie. Mon père poursuit son chemin à son rythme. Nous vivons sous le même toit dans des mondes parallèles. Ses préoccupations ne sont pas les nôtres. Un soir de retour à une heure plus tardive que d'habitude, il remarque une petite tache sur son pantalon, c'est quelque chose qu'il ne supporte pas. Branle-bas de combat dans la maison, il faut à tout prix remédier à cette situation. Il ne trouve rien de mieux que d'utiliser une brosse sale, le remède est pire que le mal ! La situation est tellement grotesque que j'éclate de rire. Vexé, il me lance la brosse à la tête… j'esquive le projectile, en attendant la tache est toujours là ! À titre de représailles, il m'interdit d'aller me coucher. Pour m'être moquée de lui, je dois rester toute la nuit assise sur ma chaise. Affalée sur la table, je m'endors. Le lendemain matin, Marilyne m'interroge :

– J'étais très inquiète, je n'entendais aucun bruit. Qu'est-ce que vous avez fait toute la nuit ?

– Rien, il n'a pas dit un mot, il m'a juste interdit de monter me coucher, c'est tout.

Je suis surprise par ses questions et je m'interroge sur les raisons de son inquiétude mais elle ne me dit rien de plus.

À l'approche de Noël, j'ai repéré au supermarché voisin, des baskets à la mode en solde, quatre vingt dix neuf francs la paire. Je tente ma chance. Ma mère accepte de m'accompagner pour les voir. Il reste une seule paire, elle est trop petite pour moi mais je prétends qu'elle me va à merveille et voilà l'affaire est faite. Ces baskets trop petites sont un véritable calvaire mais au moins j'ai les mêmes chaussures que tout le monde, je peux enfin abandonner les maudites bottes jaunes, c'est déjà quelque chose.

J'ai toujours eu peur de Belle mais je n'avais aucune appréhension à l'égard des chats. Sébastien a envoyé l'avion en papier que je lui ai fabriqué dans la courette de nos voisins. Ils sont absents. J'escalade la barrière pour aller le récupérer. Je n'ai pas pris soin de voir que leur chatte a eu ses petits, elle n'apprécie guère mon intrusion. À chaque fois que j'essaie de me hisser pour repasser la barrière, elle me lacère les jambes avec ses griffes, je suis obligée de battre en retraite. Je fais plusieurs tentatives mais sans succès. J'arrive à alerter un voisin qui me hisse dans ses bras pour me faire repasser de l'autre côté de la barrière ; j'ai les cuisses et les jambes en sang. Au fil des heures, chaque plaie prend une couleur peu engageante. Pour une fois qu'elle n'est pas en cause, ma mère ne veut pas que les gens se posent de question sur mon état. Elle décide que je porterai un pantalon pour masquer mes jambes le temps que la cicatrisation se fasse. Deux jours plus tard, nous avons la visite médicale annuelle au collège. L'air suspicieux, le médecin examine mes jambes. J'explique à plusieurs reprises l'origine de ces lacérations. Elle me conseille de continuer à bien nettoyer les plaies. En guise de conclusion, elle ajoute :

– Vous auriez tout de même dû consulter un médecin !

Petite ou grande blessure, nous avons rarement recours à une intervention extérieure. Il faut vraiment que cela soit conséquent.

Marie en tombant s'est ouverte l'arcade sourcilière. Mon père veut l'emmener à l'hôpital, ma mère refuse, elle finit par accepter que mon père se rende à la pharmacie, une poudre cicatrisante fera l'affaire. Ma mère a gardé un trop mauvais souvenir de ses visites à l'hôpital pour Marie et elle veut éviter de renouveler l'expérience. Nous vivons repliés sur nous-mêmes. Seule Stéphanie a franchi une fois le seuil de notre maison. Elle est venue me chercher pour aller à l'école, elle n'a plus jamais eu envie de revenir. J'ai eu l'autorisation de dormir un samedi soir chez Corinne et j'ai pu rester la journée de dimanche chez elle. C'est exceptionnel car ils surveillent de près nos échanges avec les voisins. Quand les conversations prennent un tour qui ne leur convient pas, ils font une apparition pour remettre les indiscrets à leur place.

Mes amies vont au catéchisme, cette année elles vont faire leur communion solennelle. Seule Marilyne a été baptisée. Il est arrivé que mon père passe à l'église pour solliciter de l'aide mais il y est toujours allé seul. Le petit parc où j'emmène les enfants, est situé à proximité de l'église Saint-Antoine, je l'aperçois de loin mais je ne suis jamais entrée. Ma curiosité est grande. Je laisse les petits avec Émilie et je pars visiter cet univers inconnu à deux pas de chez moi. À l'entrée, je suis saisie par le calme et la sérénité qui règne à l'intérieur, lentement j'en fais le tour. C'est à croire que ma mère a des antennes. Elle est passée nous voir au terrain de jeux et bien sûr elle ne m'a pas trouvée. Je ne l'ai pas vu entrer mais j'ai un choc en entendant le martèlement de ses pas. Je me fais expulser sans ménagement :

– Tu n'as rien à foutre là ! Je ne veux pas te revoir ici !

Je viens d'avoir treize ans. Dans notre tourbillon de tâches ménagères multiples et diverses, d'enfants à soigner, à surveiller ou à consoler. J'ai bien du mal à seulement attendre que le temps passe. Il reste encore cinq longues années devant moi, c'est un laps de temps qui me paraît inépuisable. Au fil des jours ma résistance s'amenuise, l'image de cet avenir se brouille. Je cherche partout des raisons d'espérer. Je reviens à l'église, quelques instants, le temps d'une prière qui ressemble davantage à une supplique. Je recherche ce petit miracle qui changerait le cours de notre vie. En attendant ce jour, seule l'administration du collège se manifeste en raison de mon faible taux de présence, j'existe à travers les courriers que nous recevons en grand nombre. Mon retour à l'école est simple quand ma mère ne jette pas les billets d'absence sinon j'ai bien du mal à expliquer pourquoi j'ai manqué les cours et les raisons pour lesquelles je ne présente aucun justificatif.

Je conserve des souvenirs très mitigés sur les enseignants que j'ai eus au collège. Ma seule présence en dérange certains, ils aimeraient que je sois dans une autre classe que la leur. Leurs regards et leur silence font mal, j'ai la sensation d'être une pestiférée. Quand je ne connais pas ma leçon, le professeur de musique me fait passer le reste du cours dans la réserve, petite pièce sans fenêtre où elle range son matériel. Le professeur de mathématiques, assis derrière son bureau, appelle au tableau de préférence les filles en mini-jupe :

– Plus haut, écrivez plus haut ! se plait-il à leur répéter.

C'est devenu un jeu pour moi. En fonction de leur tenue du jour, je devine les élèves qui vont être interrogées. Je ne crois pas qu'il ait pu imaginer à quel point il était observé ! Le professeur de français est dépressif, il pleure en classe. Ce n'est guère réconfortant. Je n'ai rien appris avec lui et je l'ai eu deux années de suite... J'aime bien les cours d'anglais, le dessin et le sport mais il est difficile pour moi de suivre des études dans des conditions normales.

Toute l'année, je poursuis mon marathon quotidien. Je finis par apprécier les congés scolaires même si cela signifie plus de présence à la maison. La faim est devenue notre préoccupation principale. J'ai par moment de véritables fringales. J'attrape ce qui me tombe sous la main, à la vitesse de l'éclair car toujours en cachette : le contenu de la cafetière, des poignées de pâtes crues ou de farine pour la bouillie des petits. C'est immonde mais il faut trouver quelque chose pour caler l'estomac. L'heure des repas est devenue un supplice, nous sommes cernés par les effluves provenant des cuisines environnantes. Je sors en courant de la maison attirée par une odeur que je ne connais pas. La voisine a déposé sur la table dans sa courette, un grand faitout fumant. Je lui demande ce qu'elle a préparé :

– Ce sont des bigorneaux !

– Je peux goûter ?

Ma demande ressemble plus à un ordre qu'à une interrogation. Elle ne dit rien mais elle verse dans un bol, une quantité de petites billes noires et luisantes... Qu'aurais-je été capable de faire si elle m'avait dit non ? Il n'y a pas de quoi remplir un estomac mais cela a du goût. Les voisins évitent mes parents. Dès qu'ils les aperçoivent, ils rentrent chez eux. Un des plaisirs de Monsieur Antoine, c'est de donner du pain aux oiseaux. Généralement, il le réduit en miettes. Ce jour-là, il n'a sans doute pas eu le temps de le faire, il jette le pain en petits morceaux. Il est atterré de voir une nuée d'enfants se précipiter pour les ramasser, il n'a jamais recommencé.

En juin 1982, Marilyne termine sa première année de couture. Mes parents ont décidé qu'elle ne continuerait pas l'école l'année prochaine, elle aura seize ans en novembre pourtant il ne lui reste qu'une année à faire pour passer son CAP. J'ai toujours admiré ses résultats scolaires. Je ne sais pas comment elle a pu faire mais elle est toujours parvenue à avoir la moyenne. Elle n'est pas d'accord mais elle n'a pas le choix. Mes parents n'ont aucune activité mais à la rentrée, Marilyne a reçu l'ordre de se trouver un travail. Elle commence par faire des ménages, elle travaille également trois matinées par semaine au marché qui se tient derrière le collège. Elle donne l'argent qu'elle gagne à mes parents. Elle rapporte du marché fruits et légumes qui permettent d'améliorer l'ordinaire. Depuis qu'elle ne va plus à l'école, il n'est pas question pour autant qu'elle prenne des libertés avec les horaires. Elle doit être de retour chaque après-midi à une heure bien précise, elle n'a pas intérêt à être en retard.

Je suis entrée en classe de 5ème. Je sais bien que mes résultats ne me permettront pas de continuer l'année prochaine au collège.

J'essaie tout de même de faire des efforts. Le collège propose des heures de soutien le soir après les cours. Il faut négocier longtemps à la maison pour obtenir l'autorisation de rester une malheureuse heure de plus un soir par semaine. Leur souci ce jour-là c'est qu'il faut bien que quelqu'un d'autre aille chercher Marie à l'école. Ils finissent par accepter. Cela ne révolutionne pas ma vie scolaire, c'est pour le principe. Je ne dois pas abandonner, je dois me battre. Chaque pas même dérisoire me redonne confiance, je peux y arriver.

Cette année, il n'y a pas de trêve à Noël. Il n'y a rien à manger. Mon père s'en préoccupe un peu tard, le 24 décembre après-midi, il court d'une administration à l'autre mais en cette veille de fête, il trouve portes closes. Au Secours Populaire, on le dépanne avec quelques conserves, c'est un repas bien loin de leurs aspirations. Les deux petits sont sages. Ils se tiennent compagnie. Ils jouent souvent par terre au rez-de-chaussée installés sur une couverture. Nous les promenons tous les deux dans le fameux landau bleu marine. Il n'a plus vraiment fière allure. Sébastien toujours très doux avec tout ce qu'il touche, joue aux auto-tamponneuses avec le landau ; il le lance contre le mur. À sa décharge, il n'y a pas beaucoup de jouets dans la maison.

Un soir en regardant la célèbre série *Dallas* à la télévision, on voit un des personnages pousser un splendide landau écossais noir et blanc. Marilyne et moi, nous nous sommes regardées et la même pensée nous a traversé l'esprit. Cette image a déclenché un fou rire mémorable que rien ne parvenait à calmer. Les parents, furieux d'être interrompus dans la contemplation de leur feuilleton préféré, proféraient mille menaces mais ils étaient trop occupés pour joindre le geste à la parole. Plus le ton montait, plus notre fou rire augmentait. Nous avions imaginé les réactions de nos voisins à notre passage avec le même équipage ! La famille a déjà une terrible réputation dans le quartier, nous aurions certainement eu un franc succès ! Il faut savoir profiter des rares occasions de rire.

Marilyne est contente. Elle a trouvé un stage rémunéré pour devenir aide-puéricultrice. Mes parents ont accepté. La formation dure six mois. Elle continue à travailler au marché le dimanche matin. L'année scolaire avance et mon orientation scolaire vient à l'ordre du jour. Je répète aussi souvent que possible que je n'ai aucune vocation pour l'école ménagère. De toute façon, le choix est limité. Il y a seulement deux possibilités : section école ménagère ou section chaudronnerie, menuiserie, ferronnerie. Mes parents sont farouchement hostiles à la deuxième solution, ce n'est pas pour une fille. Je me sens piégée mais je ne m'avoue pas vaincue pour autant. Je me bats pied à pied, c'est une question de survie. J'ai rarement été le sujet des discussions familiales mais en ce moment je tiens la vedette. Nos échanges sont houleux. Ils ne veulent rien entendre et je ne veux pas céder. Le ton monte. Si contre mon gré, on envisage de me faire entrer à l'école ménagère, eh bien je quitterai la maison. À plusieurs reprises, je les menace de partir. Après des jours de lutte acharnée, ils finissent par céder. Ils sont sûrs que j'ai tort et surtout que je ne vienne pas me plaindre à la rentrée si cela ne me plaît pas ! Je suis soulagée mais fatiguée. Fatiguée de notre mode de vie, du rythme qu'il faut suivre, des allées et venues incessantes, des tâches en tout genre, du climat d'insécurité permanente. Au moins pendant le temps des grandes vacances, on ne va plus entendre parler d'école. Mes parents imaginent le calme revenu.

Juillet 1983

Ce matin, avant de partir travailler à la crèche, Marilyne a pris le temps de me parler. Je suis surprise, elle n'a pas l'habitude de se plaindre mais elle essaie de me faire comprendre qu'elle n'en peut plus. Comme elle me sent troublée, elle essaie de me rassurer :

– Ça va aller, surtout ne t'inquiètes pas !

À 17 heures, d'habitude si ponctuelle, elle n'est pas encore rentrée, l'heure tourne, toujours pas de Marilyne à l'horizon. C'est à cet instant que j'ai compris ce qu'elle avait essayé de me dire le matin, j'ai compris qu'elle était partie. Je suis sous le choc. Jamais je n'avais imaginé qu'elle aurait le courage de franchir le pas. Je ne suis pas la seule à comprendre ce qui se passe. Ma mère tourne en rond en attendant le retour de mon père. Sans nouvelles de Marilyne, ils décident d'aller au commissariat pour signaler sa disparition. Marilyne a toujours été si discrète. Mes parents ne connaissent aucune de ses camarades. Mon père sillonne le quartier à sa recherche. Il rode autour de la crèche mais Marilyne reste invisible, dommage pour son stage mais elle n'avait pas le choix. Elle reste introuvable. Mes parents me harcèlent. Ils sont persuadés que je suis au courant de quelque chose. Mon père se fait très menaçant :

– Je suis sûr que toi tu sais où elle est, tu as intérêt à parler ! Je ne lui réponds rien, les yeux dans les yeux, je fais simplement non de la tête.

Il contient sa colère et il n'insiste pas. Il connaît mon caractère, il sait que même avec des coups, je ne lui dirai rien.

Je suis profondément triste. C'est une séparation brutale à laquelle je ne m'étais pas préparée. Nous avons toujours été très proches l'une de l'autre, très complices et solidaires mais je me sens soulagée pour elle, c'est la fin d'un long calvaire. J'espère qu'elle va réussir dans sa démarche. Je prie pour que tout se passe bien pour elle, surtout qu'elle reste prudente et lucide. Son absence ne va pas être neutre pour moi. Tout ce que nous faisions ensemble, je vais devoir le faire seule. J'attends aussi beaucoup de son départ, c'est un nouvel espoir que notre vie change, enfin.

Marilyne est partie depuis trois semaines. Un après-midi, elle arrive accompagnée d'un éducateur de la DASS[1]. Il explique à mes parents que Marilyne ne veut plus vivre avec eux. Dorénavant, elle est hébergée dans un centre en attendant sa majorité. Il ordonne plus qu'il ne demande à mes parents de la laisser prendre ses affaires. Ils sont fous de rage mais ils ne s'y opposent pas. Marilyne est très calme. C'est bien la première fois que je la vois leur tenir tête. Ma mère suit chacun de ses pas comme si Marilyne voulait s'emparer des nombreux trésors que contient la maison. Elle veille à ce qu'elle n'emporte que ses propres affaires. L'éducateur est resté devant la porte. Avant de partir, il donne à mes parents l'adresse de Marilyne. Avec cette visite, je suis rassurée pour Marilyne. C'est aussi l'espoir d'une vie nouvelle qui renaît. Quelques jours plus tard, Marilyne écrit à mes parents, elle demande si elle peut venir passer le week-end à la maison. Mes parents acceptent. À son arrivée, ils lui rappellent qu'ils sont chez eux :

– Ne compte pas faire ta loi ici !

Elle a posé certaines conditions à sa venue. Sa première demande concerne Marie :

– Dorénavant en ma présence, Marie prendra ses repas à table avec nous, ensuite plus de distribution de claques.

Elle pèse ses mots car bien d'autres images traversent son esprit. Pendant un mois, elle arrive le week-end les mains pleines :

1. Direction des Affaires Sanitaires et Sociales

gâteaux, bonbons, yaourts qu'elle prend au centre ainsi que des fruits, parfois même de la viande. C'est interdit mais les éducatrices connaissent la situation familiale et elles ferment les yeux. Marilyne exige que la nourriture qu'elle apporte soit consommée en sa présence. Elle veut être sûre que tous les enfants en profitent. Elle observe les moindres faits et gestes de mes parents et une fois rentrée, elle fait son rapport.

Marilyne m'a raconté son départ de la maison. La première semaine, elle a vécu dans la rue. La deuxième semaine, elle a été hébergée par une copine. C'est elle qui lui a parlé de la DASS et qui l'a accompagnée au commissariat pour qu'elle explique sa situation. Ses relations avec les éducateurs sont mauvaises. Marilyne considère qu'elle n'a plus de comptes à rendre à personne. Ses parents étaient ses ennemis, elle les voit en embuscade sous les traits de chaque adulte. Les éducateurs lui conseillent d'accepter une aide psychologique mais elle refuse tout en bloc. Personne n'essaie vraiment de gagner sa confiance. Ils sont face à un mur qu'ils n'essaient pas de franchir. Elle défend bec et ongles cette liberté conquise. C'est une écorchée vive. Je la vois se transformer à vue d'œil. Elle a pris du poids en très peu de temps. Elle s'habille très court, tout en noir. Elle se coiffe et elle se maquille en punk. Elle arrive à la maison dans un état second. Je lui fais part de mon inquiétude sur son évolution. Elle m'envoie balader :

– Fous-moi la paix, avec ta morale, je sais ce que je fais et je fais ce que je veux !

J'ai bien du mal à la reconnaître, elle ne m'a jamais parlé ainsi. Pendant la semaine, la conversation de mes parents tournent autour de Marilyne. Ils ont bien du mal à accepter son départ et de voir ainsi leur autorité bafouée. Leur vie dans le quartier est devenue encore plus difficile. Ils sont montrés du doigt. Leur réputation était désastreuse, maintenant ils ont en plus une fille placée à la DASS. Bien que les déclarations de Marilyne au commissariat aient été claires et précises, les choses ne bougent pas. Le principe d'une enquête semble avoir été retenue mais à bien petite vitesse. Comme les autres fois, j'ai vraiment le sentiment de m'être réjouie un peu trop vite, j'avais imaginé qu'avec le témoignage de Marilyne, notre existence misérable allait prendre fin rapidement. Cette délivrance se fait attendre. Les semaines s'écoulent sans apporter d'éléments nouveaux. Marilyne espace ses visites. Elle vit sa vie.

Septembre 1983

Frédéric a fait son entrée à la maternelle, je l'emmène avec Marie. Je dois prévoir le temps nécessaire pour les déposer. Le lycée est plus loin mais sur le même chemin près de la mairie. Nous n'avons pas suffisamment de vêtements pour les petits. Un matin, j'ai bien du mal à convaincre Frédéric de mettre un collant de Marie. Il n'a que trois ans mais il parle très bien, il a même un vocabulaire très élaboré pour son âge. Il pleure, il ne veut pas le mettre :

– Je ne suis pas une fille ! explique-t-il entre deux sanglots.

– Frédéric, ce n'est pas grave, sous ton pantalon personne ne le verra. Il faut t'habiller nous allons être en retard !

Les petits portent les vêtements récupérés à l'école maternelle. Quand il y a un petit accident à l'école, ils changent les enfants mais les familles sont priées de rendre les affaires prêtées ce que ma mère ne fait jamais. Les assistantes maternelles n'arrêtent pas de me les réclamer, je dis toujours oui, je vais le dire à ma mère mais nous ne rendons jamais rien.

J'ai fait mon entrée au lycée professionnel. Je suis ravie de mon choix. Les professeurs sont très différents de ceux du collège, je les sens en prise avec la réalité. Je ne croise jamais un mauvais regard. Ils sont très présents auprès de tous les adolescents. Nous sommes très peu de filles. Mes camarades sont agréables. Toutes mes nouvelles activités me plaisent énormément. Mes résultats sont corrects. J'aime le travail en atelier, cela me détend et je ne pense à rien d'autre. J'ai du mal parfois à me concentrer sur les cours. J'ai quatorze ans et demi mais j'ai l'impression d'avoir cent ans tellement je suis fatiguée autant moralement que physiquement.

Ma mère est hospitalisée en urgence. Je suis très inquiète de voir ma vie bousculée par son absence. Plus de peur que de mal, elle doit seulement rester quelques jours loin de la maison. Dans ces conditions, je peux patienter en attendant son retour. Quand je vais la voir à l'hôpital, je me plains, je suis furieuse parce que la veille mon père m'a frappée, soi-disant parce que je ne faisais pas manger Jérôme correctement. Ma mère écoute, elle ne dit rien mais elle a un geste inhabituel pour me faire part de sa compréhension, elle me prend dans ses bras et elle m'embrasse. Elle revient et je reprends le chemin de l'école. Il ne faudrait pas qu'elle s'absente trop souvent parce que je ne tiendrai pas le coup.

Son humeur reste imprévisible. Aujourd'hui elle veut rester seule à la maison et il pleut. Nous partons en direction du préau en ferraille mais il est déjà occupé par une bande que notre arrivée dérange. Je cherche un autre endroit à l'abri de la pluie. Nous trouvons juste un auvent sous lequel nous abriter mais nous sommes transis de froid jusqu'aux os. Je fais plusieurs tentatives pour réintégrer la maison mais ma mère refuse. Maintenant il fait nuit. Nous sommes tous les six. C'est absurde, j'erre dans les rues avec cinq enfants dont trois petits qui ont entre deux et cinq ans. Quand nous pouvons enfin rentrer, il faut les changer et les réchauffer au mieux. Notre vie est devenue aussi noire que cette nuit pluvieuse.

Brève accalmie pour Noël. Marilyne est arrivée les bras chargés de provisions. Elle est vite repartie happée par sa nouvelle vie. Mes craintes à son sujet ne font que se confirmer. Mes parents pourraient régulièrement récupérer des fruits et des légumes à la fin du marché. Ce n'est pas digne d'eux, toujours la même rengaine mais leur fierté mal placée ne comble pas le vide des estomacs. J'y passe sans rien dire le dimanche matin, je rapporte des fruits. Je les dépose dans notre cachette et nous allons les récupérer dans l'après-midi. Parfois nous avons le temps de les manger avant le déjeuner, à table nous avons moins faim ce qui les agace au plus haut point car le dimanche est le seul jour où ils préparent un vrai repas. Un des derniers poulets a connu un sort bien imprévu. Belle a eu une portée. Mon père veut se débarrasser des chiots mais la chienne ne le laisse pas approcher. Il essaie de l'appâter avec le poulet. Belle est plus rapide que lui et quand elle a planté ses crocs dans le poulet fumant, il n'est plus question qu'elle lâche prise. Mon père n'ose pas l'affronter. Elle se régale seule dans son coin avec notre déjeuner.

Ma mère ne résiste pas longtemps à nos conditions de vie. Une nouvelle fois, il est question qu'elle reparte mais cette fois-ci en maison de repos et pour une durée indéterminée, réaction immédiate de mon père :

– Tu n'as pas le choix, il faudra que tu restes à la maison pour t'occuper de Jérôme.

C'est simplement impossible. Je ne veux pas de cette lente agonie, me retrouver seule pour m'occuper de toute la maison : les courses, le ménage, les petits, les conduire à l'école, la préparation des repas, la vaisselle... Je ne peux pas briser le seul lien qui me permet de survivre. Rien que d'y penser, j'ai du mal à respirer. Quand j'ai vu ma mère partir en ambulance, je me suis retrouvée seule avec tous les enfants. Je suis désespérée. Si je ne réagis pas, je vais devenir folle. En plus, il va falloir que je supporte mon père. Il fume au moins deux paquets de cigarettes par jour, ses consommations d'alcool, sans compter ses crises nostalgiques nocturnes. Cette fois-ci, je vais être seule longtemps. Sa présence me fait peur, j'ai toujours appréhendé qu'il ne me touche même si ce n'est jamais arrivé. Je dois trouver une issue à ce cauchemar. Le seul appel au secours que j'arrive à imaginer, c'est de me faire hospitaliser à mon tour. À la maison c'est facile, il suffit de tendre la main pour se servir. J'avale à contre-cœur des comprimés provenant du stock de médicaments de ma mère. Je les prends juste avant qu'Émilie ne revienne de l'école afin d'être encore éveillée quand elle rentre. À son retour, je lui explique rapidement ce que je viens de faire. Je la rassure, je ne veux pas mourir mais simplement donner l'alerte, que tout cela finisse une bonne fois pour toute. Elle me regarde fixement, elle semble très inquiète. Je m'en veux terriblement de lui imposer cette épreuve supplémentaire. Je sais en plus que je reporte ainsi toutes les responsabilités sur ses épaules. Elle ne dit rien, elle part chez la voisine demander de l'aide. En quelques minutes, je me retrouve dans l'ambulance, direction l'hôpital. Un lavage d'estomac, ce n'est pas très agréable, ensuite j'ai beaucoup dormi. Le lendemain matin, le réveil est pénible. Je me réveille le visage rempli de petits points rouges. Seule dans ma chambre, j'ai peur, je n'ai pas l'habitude. Je suis aussi très perturbée par la hauteur du lit. Depuis des années, je dors à même le sol.

Une assistante sociale vient me voir. Elle m'interroge sur mon geste. Je n'ose pas vraiment exposer les véritables raisons. Je lui explique que je veux aller à l'école mais que mon père m'empêche d'y aller, il veut que je m'occupe de la maison en l'absence de ma mère. Elle me demande si j'accepte qu'elle fasse venir mon père pour que nous puissions trouver une solution avec lui. Elle ne pose aucune autre question. Le problème lui paraît simple à résoudre. Au cours de notre entretien à trois, mon père s'engage à me laisser aller à l'école. Je dois rester quelques jours à l'hôpital pour me reposer et ensuite je pourrai rentrer à la maison. Je ne suis pas malade, je m'ennuie toute la journée. Il faut dire que je n'ai pas l'habitude de rester à ne rien faire. Je propose mon aide. Je suis une aide-soignante dans son travail et je repars en maîtrisant la technique des lits au carré !

Mon père respecte son engagement. Je vais tous les jours à l'école. Nous nous sommes réparties les tâches. Il a repris à son compte les corvées d'eau. Le soir, il attend avec impatience sur le pas de la porte que je rentre de l'école pour s'échapper à son tour.

Nos relations se détériorent. Il trouve que je prends un peu trop de liberté et ce n'est pas du tout à son goût. À l'école, j'emprunte souvent le maquillage de mes amies et j'ai oublié de me démaquiller avant de rentrer. La gifle que je reçois m'ouvre la lèvre, je ne reste pas sans réaction, je le menace de partir. Il se méfie et il rentre de bonne heure. Quand je fais les courses, il fait une liste mais je l'interprète à ma façon, en fonction de ce que je crois être juste. J'achète un seul paquet de cigarettes sur les deux demandés ce qui le met très en colère. Je voudrais partir mais le monde me fait peur, je ne sais pas où aller, j'admire Marilyne d'avoir eu le courage de le faire. J'attends de plus en plus difficilement que mes dix-huit ans arrivent et là je me suis promise de ne pas rester une seconde de plus. Je prendrai le premier travail que je trouve même si je dois provisoirement renoncer à apprendre la coiffure, je ferai des économies et j'apprendrai plus tard quand mes moyens me le permettront. Je suis sur le qui-vive mais mon père me laisse aller au lycée. Il attend que je revienne pour sortir.

Jeudi 15 mars 1984

13 heures

Émilie, Sébastien, mon père et moi sommes en train de déjeuner. Frédéric et Jérôme sont couchés, ils sont malades. Seule Marie est à l'école. Mon père nous a préparé des pâtes accompagnées d'un œuf sur le plat. Il ne tient pas en place. Il ne dit rien mais il semble en proie à une terrible anxiété.

– Qu'est-ce que tu as, pourquoi es-tu si inquiet ?

Il a du mal à parler. Il finit par me dire :

– Ce matin, un inspecteur de police est venu. Il a posé des tas de questions, il voulait savoir combien il me restait pour finir le mois. Il est monté visiter les chambres. Il m'a demandé comment je comptais vous nourrir sans argent et avec un réfrigérateur vide… Ce n'est pas bon signe.

Je regarde Émilie et Sébastien, je ne crois pas qu'ils aient compris que nos jours dans la maison sont comptés. Je me sens très partagée entre un profond sentiment de tristesse de voir mon père aussi désemparé et l'espoir d'une nouvelle vie possible dont j'ignore tout. Pour le moment c'est l'inconnu qui prédomine avec son cortège de questions et ses mille réponses. Nous partageons quelques minutes d'un profond silence. Je n'ai pas faim, je suis perdue dans mes pensées. Je sursaute sur ma chaise en entendant une première voiture freiner devant la maison et s'immobiliser, puis une seconde et même une troisième. Nous nous sommes tous levés, nous nous précipitons à la fenêtre, mon père les regarde s'approcher et dit à voix basse :

– Il fallait bien que cela arrive un jour !

Il a compris qu'ils venaient nous chercher, je l'ai compris aussi. J'ai un mouvement de recul quand j'aperçois les voisins à leur fenêtre ou par petit groupe sur le trottoir. Deux inspecteurs de police, une assistante sociale et deux ambulanciers entrent dans la maison. Nous n'avons jamais vu autant de monde chez nous. Tous ces visages inconnus nous affolent, mon père est pris de tremblements. L'inspecteur qui est passé le matin à la maison me dit :

– Tu prends les deux petits et tu les installes dans l'ambulance.

Frédéric et Jérôme ont tous les deux la rougeole, il l'a constaté lors de sa visite du matin. Tous les deux se mettent à hurler, j'essaie de les rassurer du mieux que je peux, avant de les quitter je leur dis :

– Je viendrai vous voir demain ; sans même savoir si cela était possible. Quelques bisous et déjà l'ambulance s'éloigne rapidement.

De retour à l'intérieur, j'entends un des deux policiers qui demande à mon père, l'air soupçonneux :

– D'où vient cette griffure dans le cou de votre fils ?

– Je ne sais pas, dit mon père d'une voix à peine audible.

C'est la seule question qui lui sera posée à la maison. Puis ils s'adressent à nous :

– Prenez votre manteau, vous venez tous avec nous.

– Mais je vais être en retard à l'école.

– Vous ne retournez pas à l'école aujourd'hui, nous allons prévenir les établissements.

– Je veux prendre mon cartable et quelques affaires.

– Ce n'est pas la peine, il n'y en pas pour très longtemps.

– Vous aussi, monsieur, vous venez avec nous.

Je comprends surtout que nous ne reviendrons pas.

Ce jour, je l'ai tellement appelé de tous mes vœux et plus encore depuis le départ de Marilyne. Cent fois, j'ai imaginé la scène dans ma tête, j'aurais aimé que ce soit différent mais les événements se déroulent très vite. Mon père est livide. Inquiet de nature, il panique facilement ; la nuit, un simple bruit suspect l'angoisse. J'aurais aimé partir discrètement et sans précipitation. Avant de monter en voiture, je leur fais remarquer :

– Ma petite sœur, Marie, est à la maternelle, je dois aller la chercher à 16h30.

– Nous sommes au courant, on s'en occupe.

Nous quittons la maison, tous les quatre assis à l'arrière du véhicule.

– Nous allons au commissariat, ce ne sera pas long.

Une autre voiture est allée chercher Marie, elle arrive pratiquement en même temps que nous. À cet instant précis, je n'ai qu'une envie, c'est de rentrer chez moi, même si nous n'étions plus qu'en état de survie permanente, cette vie nous appartenait. Un commissariat reste un commissariat et je ne pense pas que ce soit l'endroit idéal pour accueillir et interroger des enfants en difficulté. Dès notre arrivée, nous sommes séparés et installés chacun dans un bureau. Sébastien a neuf ans, Émilie quatorze ans et Marie presque six ans. Ils pleurent tous, ils ne supportent pas de se retrouver seuls, chacun de leur côté. Ils m'ont laissée attendre dans le couloir. Je peux tous les apercevoir mais nous sommes trop éloignés les uns des autres pour communiquer.

Un policier demande à mon père de le suivre, il n'entend même pas qu'on lui parle, le policier insiste :

– Monsieur, veuillez me suivre.

Je vois mon père traverser le couloir d'un pas très lent, il ne fait que répéter :

– Après vous allez nous laisser partir ?

– On verra plus tard.

Il s'est assis au bout de la chaise, ses tremblements ne se sont pas calmés. Il a posé la question au hasard pour se donner une contenance. Il est suffisamment lucide pour savoir que si on le laisse partir, il rentrera seul. Je suis interrogée en dernier. Face à moi, il y a deux inspecteurs, l'un joue au "gentil" et l'autre au "méchant". Le gentil me lance son paquet de cigarettes :

– Merci, je ne fume pas.

– Pas de ça avec moi, si tu veux, tu peux en prendre une, je t'ai dit que tu pouvais.

Il me faut un moment avant de comprendre. Ils cherchent à me mettre à l'aise et surtout que je revienne sur mes premières déclarations qui ne leur conviennent pas du tout. Ils ne me croient pas, ils veulent absolument nous entendre dire que nous avons subi des violences sexuelles. Marie a de gros problèmes de communication, elle aura six ans le mois prochain, elle est bien difficile à comprendre quand on n'a pas l'habitude. Il est très facile pour son interlocuteur d'obtenir un oui à n'importe quelle question posée. Sébastien a toujours du mal à tenir en place, ses réponses sont assez floues. Avec Émilie, ils réussissent à obtenir ce qu'ils recherchent. De mon côté, je tiens bon, je les agace, un des deux inspecteurs se lève, il va chercher Émilie :

– Il va falloir vous mettre d'accord toutes les deux, vos réponses ne sont pas les mêmes.

Il me regarde droit dans les yeux et il ajoute :

– Bon, maintenant tu vas me dire la vérité !

– Je dis la vérité mais vous ne me croyez pas.

Je regarde Émilie et je lui dis :

– Pourquoi tu racontes des histoires ?

Elle ne me répond pas. Je comprends qu'elle est tellement terrorisée qu'elle a répondu oui pour avoir la paix. C'est à ce moment-là que je reçois une gifle à toute volée :

– Laisse ta sœur tranquille !

Les minutes passent et je reste sur ma position. Il finit par poser sa main sur mon épaule et il me dit :

– Je voulais simplement m'assurer que tu ne mentais pas !

Ce "charmant" policier a dû confondre témoignages et aveux !

Cette libération que j'avais appelée de tous mes vœux ne démarrait vraiment pas sous les meilleurs auspices. Il faut dire malheureusement que le cauchemar ne faisait que commencer. Les interrogatoires sont terminés. Je retrouve mon frère et mes deux sœurs. Pour seule information, ils nous disent :

– Nous allons vous conduire dans un centre pendant quelques jours.

Nous nous regardons sans comprendre et nous montons tous en voiture. Mon père quitte le commissariat en même temps que nous. Nous le regardons s'éloigner à pied. Vingt minutes plus tard, nous arrivons dans un centre de la DASS. Le portail automatique s'ouvre à notre arrivée, l'entrée donne sur un parc immense. Parmi les arbres, nous apercevons plusieurs bâtiments de deux étages. Nous pénétrons dans l'un d'eux :

– Attendez-là.

Nous restons plantés dans l'entrée. Une femme vient nous chercher. Ni bonjour, ni bonsoir, elle nous dit :

– Suivez-moi à l'étage.

Nous sommes alignés dans le couloir, elle nous remet à chacun une paire de draps et un nécessaire de toilette. Elle nous conduit ensuite dans une chambre qui comporte quatre lits. Elle repart, elle n'a pas échangé un seul mot avec nous. Je ferme la porte, nous restons assis en silence. Je ne veux pas pleurer devant eux. Histoire de nous changer les idées, je leur dis :

– Allez, on va faire les lits.

La chambre est aussi triste et nue que la nôtre à la maison. L'éducatrice revient nous chercher pour le dîner. Nous sommes assis sur un banc tous les quatre blottis les uns contre les autres. Après le dîner, nous regagnons notre chambre. Nous avons chacun un vrai lit avec de vrais draps et des couvertures mais c'est une première nuit difficile.

Canteleu

Premier matin à Canteleu, nous prenons notre dernier petit déjeuner ensemble mais nous ne le savons pas encore. Nous sommes conduits dans le bureau de la directrice :

– Vous allez rester quelques temps ici mais je suis obligée de vous répartir dans différents bâtiments.

Nous répondons en cœur :

– Mais nous voulons rester ensemble !

– Je regrette mais ce n'est pas possible ; les bâtiments ici sont organisés par tranche d'âge.

Il ne faut pas chambouler les habitudes ni troubler l'ordre administratif. Nous n'avons pas le temps de réfléchir, aussitôt annoncée, la décision est appliquée. Sébastien est le premier à nous quitter. Je l'accompagne dans son bâtiment. À bientôt dix ans, il ne comprend pas ce qui lui arrive, il pleure, il ne sait que répéter :

– Pourquoi on nous sépare ? C'est pas juste !

Je suis totalement désemparée par autant de précipitation que rien ne justifie. Sébastien parcourt tout le rez-de-chaussée du bâtiment, allant d'une pièce à l'autre, à la recherche de la fenêtre par laquelle il pourra le mieux me voir repartir. Je ne suis pas autorisée à rester plus longtemps. Je l'embrasse et je promets de revenir très vite voir comment il est installé. Je retrouve Émilie dans le bureau de la directrice, c'est à son tour. Histoire sans paroles, péniblement elle se lève, ses jambes ont du mal à la porter, elle tremble mais elle ne dit rien. Je ne l'accompagne pas, nous nous embrassons, je la vois disparaître très vite aux côtés d'une éducatrice. Émilie n'a pas encore quatorze ans mais en quelques secondes, la sentence est tombée. Son avenir est scellé jusqu'à sa majorité. Elle restera à Canteleu pour suivre une formation aux tâches ménagères. Je sais que le plus dur reste à venir.

Marie a vu Sébastien partir, puis Émilie. Elle a parfaitement compris ce qui va se passer. Dès qu'Émilie a disparu, elle se met à hurler. Elle se débat, elle refuse de suivre l'éducatrice. Je supplie la directrice de la laisser quelques jours avec moi pour que la transition puisse se faire en douceur, qu'elle ait le temps de s'habituer à son nouvel environnement. J'ai l'impression d'être la seule à pouvoir communiquer avec elle. Marie ne se calme pas alors la directrice finit par m'autoriser à rester avec elle tout l'après-midi, elle essaie de me rassurer :

– Tu pourras aller la voir tous les jours.

Nous faisons le tour de son bâtiment. Il ressemble à une sorte de crèche. Je déjeune avec elle et je reste une partie de l'après-midi. Elle s'est un peu calmée. Dans l'après-midi, je dois la quitter pour rejoindre mon affectation, je promets de revenir le lendemain matin. Je m'installe dans le bâtiment où nous avons passé notre première nuit. La veille au soir, j'ai eu un petit aperçu de mes futures colocataires et je suis absolument terrifiée. Je viens d'avoir quinze ans, je sais m'occuper d'une maison, d'un nouveau-né ou d'enfants plus âgés mais je ne connais rien à la vie d'une jeune fille de mon âge. Nous avons vécu comme des ermites. Le parc de Canteleu est très vaste mais les constructions ressemblent davantage à une prison qu'à une maison d'enfants ; je fais un détour par la lingerie pour un dépannage vêtements. Nous sommes vendredi et je me demande avec angoisse comment va se passer ce premier week-end. C'est un premier round d'observation. Je suis examinée des pieds à la tête et les commentaires ne sont pas très engageants.

Dès le lundi, je découvre avec horreur le programme de nos journées. Nous disposons d'une classe unique qui rassemble la quinzaine de filles du bâtiment et que le centre de Canteleu n'hésite pas à appeler "école". Le niveau est très bas, il n'y a aucune discipline, les filles font ce qu'elles veulent. Elles hurlent, s'invectivent, elles sont à cran, un rien déclenche les hostilités, des carreaux volent en éclats, elles fument cigarette sur cigarette. Lors des repas, j'ai vu les plats être jetés à terre. Dans cet environnement difficile, le personnel fait acte de présence. Ils sont plus gardiens qu'éducateurs. Ils ne fixent aucun cadre. Ils constatent les faits mais ils ne cherchent pas à y remédier. Il n'y a jamais aucune recherche de dialogue. Cette absence de motivation se traduit notamment au regard des activités proposées, limitées et complètement décalées : on nous occupe à faire des gâteaux ou à des jeux divers qui ne permettent pas de canaliser l'agressivité.

Je suis à la fois terriblement angoissée et très en colère. Il a fallu dix ans à la Société pour se décider à reconnaître mes parents inaptes à s'occuper de leurs enfants et pour remédier à cette situation, elle me parque au milieu de la jungle ! J'ai atterri sur une planète dont j'ignore totalement les règles. J'ai une première mauvaise réaction qui ne me vaut pas que des amies, je râle tout le temps : "Je m'ennuie, je perds mon temps, ce n'est pas ici que je vais arriver à apprendre quelque chose… il n'y a aucun avenir si je dois rester à suivre les cours de cette prétendue école"… Au bout d'une semaine, je demande à voir la directrice. Dès que j'entre dans son bureau, je lui dis d'emblée :

– Votre école ne sert à rien ! Je veux retourner au collège, celui où je suis inscrite à l'extérieur.

Elle me dévisage :

– Que veux-tu faire plus tard ?

– Je veux être coiffeuse.

Elle reste silencieuse et me dit :

– Je vais vérifier ton dossier scolaire parce qu'il faut un certain niveau pour entrer à l'école de coiffure et, en plus ce n'est pas gratuit !

Après un temps de réflexion, elle me dit :

– Bon, je suis d'accord pour que nous fassions un essai... Après les congés scolaires tu vas reprendre les cours. Pour le dernier trimestre, je veux que tu aies la moyenne dans toutes les matières ; si tu y arrives, je ferai tout pour que tu puisses entrer à l'école de coiffure.

– C'est ce que je veux faire depuis très longtemps et je suis tout à fait capable d'y arriver !

– Ton collège est loin de Canteleu, tu vas devoir te lever tôt.

– Je suis habituée à me lever de bonne heure.

– Tu feras le trajet seule, des tickets de transport te seront remis. Tu devras prendre un car et ensuite un bus, tu auras environ deux heures de trajet par jour.

– Ce n'est pas un problème pour moi.

– Et s'il y a la grève des bus ?

– Je ferai le trajet à pied !

– Il est clair que tu resteras déjeuner à la cantine.

Je ne marche pas, je ne cours pas, je vole… C'est incroyable, extraordinaire, je suis contente, très contente ! C'est une première petite victoire. Je suis la seule fille ici à pouvoir aller au collège. Je ne veux pas décevoir la directrice et je n'ai pas le droit de laisser passer une chance pareille. Au cours de cet entretien, la directrice m'a informée que Frédéric et Jérôme ont quitté l'hôpital. Ils ont été transférés à la pouponnière du Belvédère à Mont Saint-Aignan, il n'y a pas de structure à Canteleu pour intégrer les petits. Je suis autorisée à aller les voir une fois par semaine. C'est loin, je passe plus de temps dans les transports qu'avec eux. Ils vont bien, ils sont très mignons et ils font le bonheur du personnel qui les entoure. Ils me laissent sortir de l'établissement avec eux ; à proximité il y a un jardin où je les emmène jouer. À Canteleu, mon frère et mes sœurs semblent s'habituer à leur nouvelle vie. Je vois Marie et Sébastien très régulièrement. Émilie s'est fait des amies et nous sommes plus rarement en contact. Je suis contente pour elle, elle va enfin pouvoir être soignée. Elle doit subir une première intervention chirurgicale pour ses yeux.

Canteleu
avril - juin 1984

Toute nouvelle venue en ces lieux suit une sorte de parcours initiatique qui peut durer plus ou moins longtemps. En cherchant à sortir du rang sans y avoir été invitée, j'ai aggravé mon cas. J'ai agité comme un chiffon rouge des mots qui font mal : ennui, espoir, avenir… Je paie comptant ma détermination. J'ai connu une enfance difficile mais à Canteleu, je vais prendre plus de coups en quelques mois qu'au cours des quinze premières années de ma vie. Mon univers a basculé de l'indifférence à l'arbitraire. Je suis confrontée en permanence à un groupe de trois filles dont je suis devenue la cible de prédilection. Un soir, elles m'entraînent dans la salle de bains. Elles ont décidé de me couper les cheveux. Ils sont très longs, ils m'arrivent au bas du dos :

– Tu as de très jolis cheveux. Il n'y a aucune raison que tu aies de plus beaux cheveux que nous.

Une de ces filles est considérée comme la plus jolie fille du bâtiment. Elle s'imagine en concurrence avec moi et elle le vit très mal. Si elle pouvait comprendre à quel point mes préoccupations sont à dix mille lieux des siennes. Elle m'a mise en garde parce qu'elle a un petit copain sur place :

– Je te préviens tu n'as pas intérêt à lever les yeux sur lui !

Tous les vendredis, le centre nous donne vingt francs d'argent de poche. Cet argent ne fait que transiter entre mes mains, elles me le prennent aussitôt. Je suis obligée de tout leur donner et surtout de ne pas me plaindre. La directrice m'a donné de l'argent pour m'acheter des vêtements. Accompagnée d'une éducatrice, je suis allée en ville effectuer des achats. Ces vêtements restent à peine quelques heures dans mon armoire. L'éducatrice voit bien qu'ils sont portés par d'autres filles mais elle ne dit rien.

J'ai enfin repris le chemin de l'école. Avec joie, j'ai retrouvé mes camarades et mes professeurs. Ma vie au collège me permet de souffler un peu, j'arrive à les oublier quelques heures. Plus la journée avance, plus je sens l'angoisse remonter à la surface. Sur le trajet du retour, je me demande ce qu'elles m'ont préparé pour le soir. Les éducateurs comme les éducatrices n'ont aucune autorité sur ces filles, ils en ont souvent peur, alors impossible d'espérer de l'aide. Les mêmes scènes se répètent tous les soirs, généralement dans une des chambres. Une des filles du groupe bloque la porte et les deux autres me frappent jusqu'au jour où ma prétendue rivale essaie de m'étrangler. L'éducateur de service est très occupé. Il s'est enfermé dans une des chambres avec une des filles, une des plus jeunes. Il finit tout de même par entendre mes cris. Il réussit à forcer la porte, il immobilise mon agresseur non sans peine en la plaquant au sol. Le calme revenu, il décroche le téléphone. Quelques instants plus tard l'homme qu'il vient d'appeler, entre dans la chambre : beaucoup de salamalecs, "oui Monsieur" par-ci et "bien sûr Monsieur" par-là. Cet homme que je ne connais pas, me conduit à l'infirmerie. J'y passe le reste de la nuit.

Au petit matin, de la fenêtre j'aperçois une voiture de police. Le centre a fait une déclaration au sujet de Barbara, la jeune fille qui m'a agressée. Je rejoins mon bâtiment pour m'habiller car je suis toujours en pyjama. Je suis assise sur mon lit, la porte s'ouvre, Barbara entre dans la chambre, elle est seule :

– Je suis désolée, me dit-elle. …S'il te plaît ne porte pas plainte, je suis majeure et j'ai déjà eu des problèmes… Je risque de me retrouver en prison.

Je suis très surprise, je ne m'attendais pas à cette rencontre, elle est calme, je ne panique pas, je dis seulement :

– Ce n'était pas mon intention de porter plainte.

De nouveau, je suis seule, épuisée, profondément triste. C'est pour moi une évidence qu'elle n'est pas complètement responsable d'un acte aussi violent. Je n'imagine pas que l'on puisse faire preuve d'autant d'agressivité par hasard, il y a forcément une cause, une raison pour avoir un tel comportement. Ce sont des questions auxquelles il est difficile de trouver une réponse. Il faut encore avoir la capacité de s'interroger pour comprendre, excuser voire pardonner. À Canteleu, il n'existe aucun lieu, aucun moment privilégié pour permettre aux souffrances et aux peurs de s'extérioriser, il ne reste que la violence pour les exprimer.

Cette histoire n'eut pas de suite. Je m'efforce d'y trouver quelque chose de positif. Barbara semble avoir pris conscience, toute seule, qu'elle a failli franchir un point de non-retour. Dans les jours qui suivent, je constate une légère amélioration dans son attitude envers moi, elle a pris à nouveau le temps de s'excuser.

L'encadrement ne fait aucun effort pour embellir les choses. Ils ont rayé le mot exigence de leur vocabulaire. La propreté est toute relative. Les tables sont mal mises, sans goût, aucun effort de présentation, les aliments sont jetés dans les plats, les carafes d'eau sont mal nettoyées ; ceci donne à l'ensemble un aspect misérable qui contribue à entretenir un climat d'hostilité. Avec les mêmes moyens, on pourrait faire autrement. C'est avant tout une question de volonté et d'envie. C'est le système de la double sanction : la première qui vous a conduit en ces lieux et la seconde, c'est de devoir vivre dans un milieu quasi carcéral. Les enfants ne sont pourtant pas là pour purger une peine. Imagination et efforts permettraient d'embellir la vie au quotidien et surtout de donner l'essentiel : l'espoir qu'une vie meilleure existe et que ses bras vous sont grand ouverts. Le manque d'intérêt ou de compétence ne s'arrêtent malheureusement pas uniquement à l'encadrement de Canteleu. Je suis convoquée au tribunal pour enfants. L'entretien dure à peine cinq minutes. J'ai droit à deux questions :

– Est-ce que tout va bien ?

– Oui…

– Pas de problème au centre ?

– Non…

Il aurait dû lire entre les lignes et inverser mes réponses. Pour cela, il aurait fallu un véritable dialogue ; mon éminent interlocuteur reste plongé dans la contemplation de mon dossier et de son stylo. Depuis toute petite, j'ai observé les réactions autour de mes parents, j'ai souvent perçu la peur des autres face à une situation qui les dépassait. Aujourd'hui face à cet homme confortablement assis derrière son bureau, je me demande ce qui lui fait peur au point que son regard n'ose pas croiser le mien. Il est révoltant de médiocrité. Comment peut-on confier le sort de si nombreux enfants à autant de mépris ? Ils méritent tous beaucoup mieux.

Les centres de la DASS ont une organisation très hiérarchisée, presque militaire : directrice, assistante sociale, éducatrice-chef, éducatrice. Il ne leur vient pas à l'idée de se mettre autour d'une table et d'écouter chaque histoire une bonne fois pour toute, c'est sans doute trop simple, il faut donc recommencer à chaque fois. Je passe des visites médicales en batterie. Le médecin est un personnage vulgaire, au regard indiscret, sans tact, profondément maladroit. Il s'exprime sans faire de phrases, il dicte ses conclusions pour le dossier : caries, formée, pieds plats… mais il ne m'adresse jamais la parole. Dans ces premiers pas à Canteleu, j'ai presque terminé le circuit, il me reste à voir le psychologue. Il ne dit pas un mot et moi non plus, il n'est pas antipathique, jeune, très décontracté. Nous nous rencontrons deux ou trois fois et puis c'est tout. Comme je ne dis rien, il en conclut sans doute que je n'ai rien à dire. Je suis ravie parce que dans ces conditions, je ne vois vraiment pas ce que cela peut m'apporter. Puisque je suis en bonne santé. Peu importe que je vive dans une totale insécurité qui m'oblige à me tenir sur mes gardes en permanence.

Il m'est impossible de me concentrer pour revoir une leçon ou terminer un travail. Je suis très attentive en classe ce qui me permet de gagner un temps considérable et je fais mes devoirs pendant les heures de trajet en bus. Régulièrement, mes affaires personnelles sont détruites quand elles ne sont pas volées. Quand je rentre du collège, je suis obligée de ranger mes affaires d'école dans la pièce de l'éducateur de service, pièce fermée à clé mais par prudence je ne laisse que le minimum de choses. Mes camarades de classe me gardent le plus important. Au fur et à mesure que mes vêtements disparaissent au centre, elles m'en apportent de nouveaux au collège. Heureusement que je sens cette solidarité au quotidien qui m'apporte soutien et réconfort.

Un jour de grève des bus, je préfère effectuer le trajet à pied pour aller à l'école plutôt que de rester une journée entière dans cet univers. Le collège n'est pas très loin de chez mes parents. J'y suis passée récupérer mes affaires d'école. Je me sens tellement mal que je leur ai demandé de pouvoir venir un dimanche. La réponse a été laconique, un simple "on verra" mais "je ne verrai rien". Lorsque nous avons quitté la maison, ma mère était hospitalisée. À son retour, elle n'a fait l'objet d'aucune enquête. Mes parents ont continué à percevoir le montant des allocations familiales pendant un certain temps pour leur permettre de nous recevoir chez eux en journée, ils ne sont pas autorisés à nous garder la nuit. Ils ont le choix de nous faire venir le mercredi et le dimanche ou de venir nous voir au centre ces mêmes jours, il leur suffit de prévenir à l'avance de leur venue. Ma mère n'est jamais venue nous voir.

Quand je suis arrivée à Canteleu, j'ai demandé à être adoptée. Je rêvais de connaître une vraie vie de famille. On m'a vite retiré mes illusions. Je suis bien trop âgée et pour être adoptable, il faudrait que mes parents soient déchu de leur autorité parentale or, il suffit qu'un des parents se manifeste ou qu'il envoie ne serait-ce qu'une lettre par an pour que les services sociaux considèrent que le lien familial n'est pas rompu, quelle farce ! C'est ainsi que jusqu'à ma majorité, la DASS pourra constater les visites régulières de mon père… sans jamais s'intéresser aux motifs de ses visites qui n'ont pour seul objectif que des demandes répétées d'argent !

À Canteleu, nous participons aux tâches ménagères pour lesquelles est établi un tableau de répartition hebdomadaire pour : mettre la table, débarrasser, faire la vaisselle… J'ai la journée qui m'est normalement attribuée plus celles des autres filles ; c'est elles qui mènent la danse ! Mon planning est facile à retenir, mon nom est inscrit tous les jours de la semaine. Dans ces premiers pas loin de mes parents, deux choses ont radicalement changé dans ma vie : je vais régulièrement à l'école et je mange à ma faim tous les jours, beaucoup trop, j'engloutis des quantités incroyables de nourriture, je trompe l'ennui et l'angoisse. Je découvre aussi tellement de choses que je ne connaissais pas. En quelques semaines, j'ai pris un nombre de kilos impressionnant. Comme je n'arrête pas de changer de vêtements, je ne réalise pas à quel point mon poids a évolué. Émilie qui ne m'a pas vu depuis quelques temps est stupéfaite par cette métamorphose. Je vois le médecin, il ne m'impose aucun régime, il me conseille simplement de réduire sérieusement les quantités et que les choses vont rentrer dans l'ordre.

En mai, nous accueillons de nouvelles pensionnaires dans le bâtiment, leur présence allège mon planning des corvées. Leur arrivée me vaut d'être admise dans le groupe des fortes têtes ce qui inquiète beaucoup la directrice du centre, elle a peur que je me laisse influencer. Nous nous voyons régulièrement pour faire le point sur mes notes au collège. J'arrive maintenant à avoir la moyenne dans toutes les matières et pour la première fois au cours de ma vie scolaire, je fais partie des premières de la classe. Au cours de ces rencontres, j'insiste pour être affectée dans un autre bâtiment, même si les corvées ont diminué, je dois être sur mes gardes en permanence, cela demande un effort que je ne suis plus en mesure de fournir. Son discours est toujours le même : “Patiente un peu, tu vas bientôt changer. En attendant ce bâtiment correspond à la tranche d’âge à laquelle tu appartiens et je ne peux pas faire d’exception pour toi.”

Je supporte de plus en plus mal ce climat de violence. Si au moins on me donnait une date précise pour un changement, je pourrais attendre avec plus de sérénité. Ils ne veulent pas voir les conditions dans lesquelles je vis. Un jour un peu plus sombre que les autres, je sais où une des cuisinières range ses médicaments. Comme l’année précédente, j’absorbe le contenu d’un tube de somnifères. Admise à l’hôpital, je n’y reste pas longtemps. Au bout de deux jours, on vient me chercher dans ma chambre, un psychiatre doit me recevoir. Nous traversons de nombreux couloirs avant d’arriver devant ce que j’imagine être un bureau. On me fait entrer dans une salle de réunion. Le médecin est assis en bout de table. Il me regarde avancer vers lui, je ne sais pas très bien où je dois m’asseoir, je finis par m’installer à trois chaises de distance. Il ne me pose aucune question ! La seule phrase qu’il a à me dire tient en quelques mots :

– Si vous avez décidé de suivre l’exemple de votre mère, continuez… vous êtes sur la bonne voie.

Je reste muette. Je ne m’attendais pas à une telle déclaration. Sur le moment je ne vois que le gouffre qui sépare mon geste de son interprétation… Et puis, ce moment de stupeur passée, je suis anéantie, effondrée de constater à quel point ils connaissent le dossier de ma mère… et cela n’a pas suffi à les faire réagir ! Ils l’ont laissée poursuivre sa route dangereuse pour elle-même et pour les autres. L’entretien est terminé, je peux regagner ma chambre…

Mais qui êtes-vous donc, adultes ? Vous choisissez, décidez, dictez, ordonnez, méprisez, dédaignez... ? Vous avez appris des choses que je n’apprendrai jamais mais je suis moins pauvre que vous.

Retour à la case départ, je retrouve Canteleu et toujours le même bâtiment…

Béatrice et Juliette échafaudent des plans de “sorties”, elles en parlent très librement devant moi ce qu'elles regrettent après coup. Elles ont peur que je les dénonce alors elles décident que je vais faire partie de leur périple. Il ne me viendrait pas à l'idée de les dénoncer mais je ne suis pas de taille à résister à leur injonction. À quelques jours d'intervalle, nous allons faire une première visite à Paris et puis essayer d'assister aux vingt-quatre heures du Mans. Le premier objectif, c'est d'aller voir la Tour Eiffel, nous ne sommes jamais allées à Paris. Nous prenons le train. En arrivant à la gare Saint-Lazare, elles changent un peu leur plan et nous partons faire un tour dans un des Grands Magasins du boulevard Haussmann. Notre voyage tourne court. Béatrice pique un rouge à lèvres et elle se fait prendre. Nous sommes immédiatement conduites au bureau de police qui se trouve à l'intérieur du magasin. Nous voici en cage. Une femme vient nous chercher pour nous interroger :

– Où habitez-vous ?

Béatrice lui répond :

– Chez mon frère à Paris.

Elle raconte qu'elle a volé bien d'autres choses, elle est d'accord pour aller les rechercher et les rapporter. À notre grand étonnement, elle nous laisse quitter les locaux, nous partons en courant. Le frère n'est pas du tout ravi de notre arrivée. Il nous laisse dormir chez lui après avoir prévenu Canteleu. Il s'est engagé à nous remettre dans le train. Le lendemain matin nous reprenons la direction de Rouen, la Tour Eiffel devra attendre une prochaine visite. Un des éducateurs est venu nous chercher à la gare. Béatrice et Juliette sont “condamnées” à des tâches ménagères, privation de sortie pour tout le monde mais j'ai le droit d'aller au collège.

Pour notre seconde escapade, elles veulent aller au Mans pour assister à la course. Cette fois-ci nous partons en stop. La distance n'est pas immense mais quand nous arrivons la course est déjà terminée ! Il est tard et nous avons faim. Nous sommes en train de cueillir des cerises au bord d'une route. Un automobiliste s'arrête, il nous demande ce que nous faisons là, sans réponse précise de notre part, il prévient les gendarmes qui viennent nous chercher. Au début nous n'avons pas voulu donner notre nom. Après plusieurs heures, nous avons fini par dire d'où nous venons. Ils ont appelé Canteleu et un des responsables est venu nous chercher : même cause, mêmes effets.

À la fin du mois de juin, la directrice me convoque dans son bureau, avalanche de bonnes nouvelles : elle m'annonce tout d'abord qu'une demande d'inscription a été déposée pour que je puisse entrer à l'école de coiffure au mois de septembre et elle ajoute :

– Ta place n'est pas ici. À la rentrée, tu pars dans un nouveau centre, tu verras, tu seras bien, je suis sûre que cela te plaira. C'est une maison familiale qui accueille des fratries. Sébastien et Marie vont te rejoindre à la rentrée, les deux petits pourront venir mais plus tard, sans doute au printemps. Je reste sans voix et surtout très sceptique car si le fonctionnement est le même qu'ici, il est inutile de changer. Si on me laissait aller visiter ce nouvel endroit je saurais tout de suite à quoi m'en tenir. Tout changement est une nouvelle angoisse, c'est revivre à nouveau le départ et la première arrivée. Malheureusement il y a toujours une ombre au tableau, ce regroupement ne concernera pas Émilie. Ils ont décidé qu'elle resterait à Canteleu. La seule raison invoquée est qu'il n'y a pas d'établissement scolaire à proximité susceptible de l'accueillir. Quand on connaît la célèbre "école" de Canteleu, si cette décision n'avait pas un caractère dramatique, elle pourrait prêter à sourire. Il faut savoir que l'apprentissage aux tâches ménagères se fait au bénéfice du personnel du centre.

Émilie pourrait parfaitement poursuivre son apprentissage au Petit Clos. Je me révolte contre cette décision qui exclut Émilie de la fratrie mais j'ai beau dire, cette fois-ci, cela ne change rien.

En attendant la rentrée, la directrice me fait partir en vacances pour tout le mois de juillet et si tout se passe bien, je pourrai même repartir au mois d'août. Direction la Bretagne, nous faisons le voyage en car avec un groupe de garçons et de filles sélectionnés avec soin pour éviter tout problème sur place. Je dois dire que c'était parfait. Ce fut un mois de juillet formidable à tout point de vue, c'est resté un moment inoubliable. J'ai fait la connaissance d'un couple et de leurs trois enfants. François, l'aîné qui a dix-huit ans et ses deux sœurs. François est un garçon adorable, très attentionné, c'est un véritable ami. Le matin, à peine réveillée, j'avale un petit déjeuner rapide et je passe la journée avec sa famille.

Rares sont les moments où je participe aux activités du groupe. Les éducateurs ont pris le temps de discuter avec la famille de François et j'ai le feu vert pour aller et venir. Ils me laissent même veiller certains soirs. François est un grand frère très attentionné, si j'ai froid, il me prête son manteau, il m'emmène partout avec ses sœurs. Il est très respectueux à l'égard de tout le monde. Nous avons correspondu amicalement pendant trois ans environ, ensuite nos vies respectives nous ont éloignés.

À la fin juillet, de retour à Canteleu, j'ai juste le temps de constater que tout va bien dans l'ensemble pour mes frères et sœurs. Début août, nous reprenons la route de la Bretagne avec le même groupe d'enfants, seul l'encadrement a changé. Nous voyageons avec deux éducateurs et une éducatrice, ils s'occupent très peu de nous. L'éducatrice se drogue et les deux autres essaient de gérer le problème au mieux. Pendant ce temps-là nous sommes livrés à nous-mêmes. Nous sommes trois filles à faire le mur. Nous passons nos soirées à la discothèque à côté du camping, nous y restons jusqu'à la fermeture. Ils ne s'en aperçoivent pas mais je les soupçonne surtout d'avoir fermé les yeux. Nous dormons toute la journée, cela fait trois filles de moins à gérer. Je suis ravie de ces deux mois de vacances, impensables il y a encore peu de temps. Paradoxe de l'adolescence, ce mois d'août me laisse un petit goût amer, mes sentiments sont très partagés car cette grande liberté se double d'un profond sentiment d'insécurité, j'ai vécu leur indifférence comme un nouvel abandon.

Le Petit Clos
Septembre 1984

En septembre, nous partons pour notre nouvelle affectation, je suis très inquiète face à l'inconnu. Il y a toujours un temps d'adaptation, plus ou moins douloureux. Notre nouvelle demeure s'appelle Le Petit Clos. Nous sommes une quinzaine d'enfants. C'est une belle maison, bien tenue et décorée avec goût, il y a une véritable organisation. Il y a plusieurs filles de mon âge. Elles viennent de tous les milieux. Chaque histoire est différente : Claire violée par son père, France, milieu aisé, placée à titre temporaire car elle est très difficile et sa famille n'arrive plus à faire face, Caroline qui est orpheline, elle a vite été confiée à sa grand-mère. Je partageais ma chambre avec elle, après son départ, je suis restée seule. Marie a voulu s'installer dans la chambre des petits. Sébastien se retrouve avec des enfants de son âge. La maison est calme et les éducateurs sont très présents, ils prennent le temps d'écouter. Cependant, il manque une dimension réelle dans nos relations avec eux. Ils ne sont pas suffisamment conscients de leur rôle, de l'impact de leur image. Des enfants en difficulté ont besoin, plus que tout autre, de modèles, de repères, de personnages à admirer, d'exemples à suivre. Ils font de nous les témoins involontaires de leur existence, des liens qui se nouent ou se dénouent entre eux. À l'exception de Pierre et Rose, ils n'interrompent jamais leurs conversations personnelles devant nous. La partie haute des cloisons est vitrée ; chaque chambre dispose d'un cabinet de toilette, le mien est contigu à la chambre de l'éducateur de garde, au premier étage. Olivier reçoit souvent, il se contente de masquer la lumière en fixant un drap sur la partie vitrée de la cloison mais cela ne m'empêche pas de les entendre.

C'est avec beaucoup d'émotion, un pincement au cœur que je fais mon entrée à l'école de coiffure. J'y ai si souvent pensé. Ma première impression est excellente. Toutes les filles de ma classe sont géniales avec moi. Je dis elles mais il y a également quelques garçons, ils sont très gentils eux aussi. Ils vivent tous chez leurs parents. Mon professeur de coiffure est également le professeur principal. Il fait preuve d'une grande autorité. Mes premières semaines avec lui sont très difficiles, il est toujours sur mon dos, jamais content de mon travail. Je vis cela comme un échec, je suis prête à renoncer, je cherche une porte de sortie honorable qui ne ressemblerait pas à un abandon de ma part. Comme j'ai refusé catégoriquement que mes affaires soient envoyées à Canteleu où se trouve la blanchisserie centrale, je m'occupe moi-même de l'entretien de mes vêtements. L'idée me vient en repassant, volontairement je me brûle la main. Je regrette vite ce geste mais c'est trop tard. Hôpital, pansements à refaire tous les deux jours. Je n'imaginais pas que c'était aussi douloureux. Je continue à assister aux cours. Je regarde les autres travailler. Je prends un peu de recul. Pendant ces quelques jours d'inactivité, le professeur de coiffure me prend à part :

– Je ne vous lâcherai pas car je suis sûr que vous pouvez faire beaucoup mieux, je veux vous aider car je crois beaucoup en vous.

J'ai compris son attitude et ce que je prenais pour de l'hostilité à mon égard était en fait de l'intérêt. Je pensais qu'il ne m'aimait pas. Je n'avais jamais eu l'occasion d'avoir des professeurs aussi attentifs à mes résultats, je retrouve ma motivation du départ.

J'adore mon professeur de français, c'est une femme chaleureuse. Elle a pris conscience des difficultés qui sont les miennes.

À chaque fois qu'elle dicte un texte, je reste paralysée par la peur et incapable d'écrire un mot sur ma feuille. J'en fais presque une allergie de tenir un stylo dans la main. Un mercredi après-midi, elle m'a invitée chez elle :

– Nathalie, tu rencontres un véritable handicap dès que tu dois écrire. Je ne peux pas rattraper les bases que tu n'as pas eues en primaire. Alors je t'en prie, écris, écris ce que tu entends sans te préoccuper de la façon dont tu peux l'écrire, tu ne dois plus avoir peur d'écrire, essaie simplement de faire de ton mieux.

C'est une femme passionnée par son métier et par le désir de transmettre un savoir, ce qu'elle fait avec amour. Je l'admire beaucoup, je bois littéralement ses paroles. Elle est également mon professeur de législation du travail. Je n'ai aucun problème dès qu'il s'agit d'apprendre, je le fais avec plaisir, je harcèle même les éducateurs jusqu'à très tard le soir pour qu'ils m'interrogent, pour obtenir la meilleure note le lendemain.

Mes relations avec le professeur de mathématiques sont nettement moins chaleureuses. Elle se montre très agacée dès que je lui demande de répéter. C'est un personnage très secret, elle fait ses cours et elle repart aussitôt, nous n'avons aucun autre échange avec elle. Un jour elle a un geste qui ne me laisse pas indifférente, elle me prête deux livres de mathématiques qui lui appartiennent. Si c'est un signe de sa part, je ne l'ai pas compris, peut-être pour me proposer son aide mais dans le doute, je n'ose pas franchir la distance qui nous sépare.

Le professeur de dessin a de la patience à revendre. J'aime la perfection et dès que mon dessin présente la moindre anomalie à mes yeux, je le déchire même presque terminé. Je recommence jusqu'à ce que je le juge parfait. Elle m'octroie quelques faveurs. Généralement les dessins doivent être rendus après le cours, elle me laisse souvent les emporter et les lui remettre le lendemain.

Il m'arrive de passer voir mes parents. Ils vivent encore ensemble. Ma mère pleure dès qu'elle me voit, son discours est toujours le même. Elle rejette toute la responsabilité sur mon père, elle ne se sent pas concernée par ce qui est arrivé. Je croise aussi quelques personnes de la famille de mon père, nous nous saluons mais nous n'établissons aucun contact. J'ai rencontré ma grand-mère. Elle était dans un café, je suis entrée lui dire bonjour mais elle n'a strictement rien à me dire, je n'insiste pas. C'est la dernière fois que je l'ai vue. Quand je l'aperçois, je passe de l'autre côté de la rue.

À l'école de coiffure, nous travaillons sur des modèles vivants deux demi-journées par semaine. Autour de moi, je trouve également d'autres bonnes volontés qui me confient leur tête. Une des éducatrices du Petit Clos a une amie qui tient un salon de coiffure. Elle cherche de l'aide pour la période des fêtes de fin d'année. Par son intermédiaire, j'ai pu travailler pendant ces deux semaines dans son salon. Ces quinze jours ont été très intenses. J'arrive de très bonne heure, je m'occupe de la mise en place, je monte des mises en plis, je fais des couleurs, je balaie régulièrement, je vais faire les courses pour les unes et les autres. Je suis ravie de cette expérience professionnelle. Au bout de quelques jours à force de rester debout, j'ai la plante des pieds en feu, la responsable du salon veut que je voie un médecin mais je refuse, je ne voudrais surtout pas être obligée de m'arrêter. Elle m'a acheté une paire de chaussons pour que je me sente mieux debout. Je veux gagner un maximum d'argent pour acheter des cadeaux de Noël à toute la famille, alors je m'accroche.

L'accueil des coiffeuses n'est guère chaleureux, il y a une boîte unique pour l'ensemble des pourboires mais elles m'excluent du partage. Je sens leur attitude très méprisante à mon égard mais cela ne me détourne pas de mon objectif. Le coup de grâce arrive le dernier jour. La responsable me remercie pour ces deux semaines et elle me remet une enveloppe. Honte et timidité, je n'ose pas l'ouvrir devant elle, je veux garder ma réaction devant le contenu uniquement pour moi, je n'ai rien à partager avec elle. C'est dans la rue que j'ouvre enfin l'enveloppe avec précaution. Elle contient deux cent cinquante francs ! Je compte, je recompte, je regarde à nouveau dans l'enveloppe. Voilà mon salaire pour deux semaines intenses ! Je suis folle de rage, profondément meurtrie. J'éclate en sanglots, je ne vais pas pouvoir réaliser mon rêve et faire plaisir à mes frères et sœurs. Quelle désillusion ! Je comprends surtout que venant de la DASS, je ne dois pas m'attendre à des miracles, je suis sûre que dans d'autres circonstances, la responsable du salon ne se serait pas permis d'agir de la sorte. Elle a imaginé être tombée sur le bon numéro. Aux vacances de Pâques, elle me sollicite une nouvelle fois mais j'ai refusé sa proposition.

La DASS nous donne de l'argent de poche tous les mois et une enveloppe par semestre pour acheter des vêtements. J'aime les choses de qualité et je préfère acheter très peu. Une fois je suis revenue juste avec une paire de chaussures et une veste. J'avais beaucoup insisté pour aller seule dans les boutiques, je voulais choisir comme je l'entends. La directrice est furieuse parce qu'elle m'a fait confiance :

– Comment vas-tu faire maintenant pour avoir le reste ?

– Et bien, je trouverai d'autres coupes de cheveux à faire.

– J'espère pour toi car tu n'auras pas d'autres vêtements avant un bon moment !

J'ai déjà une petite clientèle fidèle. Cela représente un double avantage, une pratique régulière et la possibilité de commencer à gagner de l'argent régulièrement. Le Petit Clos a une annexe qui comprend une vingtaine d'enfants et au bout de quelques mois, la DASS me confie le soin de leur couper les cheveux, ils me reversent ensuite une partie du budget alloué à cette dépense. Cette annexe est située dans la même rue que l'école de coiffure. Au début j'y prenais mes repas et puis j'ai vite préféré me contenter d'un sandwich et rester déjeuner avec mes camarades de classe. La directrice du Petit Clos a accédé assez facilement à cette demande. Quand je viens couper les cheveux des petits, je visite tous les étages ensuite je passe au secrétariat faire la liste de tout ce que j'ai constaté et qui de mon point de vue, ne va pas du tout. Mes inspections agacent un peu les deux responsables de cette maison qui ne manquent pas de me faire remarquer très gentiment :

– Nathalie, qu'est-ce que nous t'avons déjà dit ? Tu as déjà oublié ! Alors pour la énième fois, nous te rappelons que tu n'es pas la directrice de cette maison !

Je croise le psychologue qui est également attaché à l'annexe. Il ne me dit toujours rien, il sourit.

Un dimanche, j'ai très mal au ventre. Geneviève me dit d'aller m'allonger un moment. Plus tard, je redescends parce que je me sens mieux, elle me trouve très blanche, elle appelle le médecin. Il diagnostique une appendicite :

– Il faut l'hospitaliser.

Geneviève est seule de garde, elle appelle un autre éducateur pour qu'il m'accompagne. À l'hôpital, le diagnostic est confirmé. Mon accompagnateur reste dans ses pensées, assis sur sa chaise, il me laisse aller au guichet pour indiquer que je dois être hospitalisée pour une appendicite. La première nuit, je suis dans une chambre avec une adulte qui vient d'être opérée, elle n'est pas bien du tout, je n'arrive pas à dormir. Après l'intervention, je me réveille dans une autre chambre avec d'autres adolescentes. Je reste une petite semaine. Le médecin me trouve fatiguée. Il suggère un repos complet pendant deux semaines. C'est avec horreur que j'entends parler à nouveau de Canteleu !

– Ne t'inquiète pas, il n'est pas question que tu retournes dans le même bâtiment. Tu seras au pavillon médical, tu verras, tu seras bien et tu vas pouvoir te reposer.

C'est effectivement très calme. Je m'ennuie beaucoup. Je passe mes journées à me promener d'une chambre à l'autre. Il n'y a pas d'enfants de mon âge, ils sont tous plus jeunes. Il y a une petite fille de trois ans et demi adorable, Valérie, elle n'est pas malade mais on ne sait pas où la placer. Elle est trop âgée pour la pouponnière et trop jeune pour être admise dans un centre. Un matin vers cinq heures, elle pleure, elle appelle le surveillant, il est fou furieux parce qu'elle a sali ses draps. Il l'aurait frappée violemment. Cette histoire m'a été racontée par Magali, sa voisine de chambre, je ne mets pas sa parole en doute mais je n'ai pas été un témoin direct de la scène. Au matin, Valérie reste invisible, elle a été installée seule à un autre étage, nous ne l'avons pas revue.

Le surveillant est également invisible. Il a quitté le pavillon médical, il a été muté dans le pavillon des jeunes garçons. J'ai appris ensuite qu'il avait quitté définitivement la DASS. Nous avons le droit de sortir dans le parc juste devant le pavillon médical. Je croise toujours Magali assise sur les marches. Elle doit avoir onze ou douze ans. Elle ne parle pas beaucoup, elle chante. Elle chante toujours la même chanson triste :

L'enfant…
L'enfant n'a pas six ans, six ans aucune peine, d'être si malheureux…
L'âge si tendre.
Ses yeux profondément, n'ont pas l'air de comprendre… d'être si malheureux... L'âge si tendre.
C'est l'enfant de la misère que l'on vient de ramasser et qui ne reçoit de sa mère que des injures et des coups.
On la prend, on la console… On la met dans un lit blanc et pour elle, la vie s'envole… Oh ! la pauvre petite enfant.
Et par un soir de printemps, sa mère encore plus ivre, la prend brutalement, l'attache au pied des cuivres et se met à frapper dans le cœur qui chavire.
La pauvre petite enfant pleurniche de tristesse…C'est l'enfant de la misère… que l'on vient de ramasser et qui ne reçoit de sa mère que des injures et des coups…
On la prend, on la console. On la met dans un lit blanc. Mais pour elle la vie s'envole. Oh la pauvre petite enfant. Un homme en blouse blanche

s'approche et lui dit, tout doucement : C'est ta maman qui t'a fait ça ?
Et l'enfant de la misère répondit tout doucement pour ne pas punir sa mère : Non, ce n'est pas ma maman.
Et l'enfant de la misère répondit tout doucement avant de quitter la terre : Non, ce n'est pas ma maman…

J'ai fait des recherches mais je n'ai pas trouvé d'où provenait la chanson de Magali. Je me souviens toujours des paroles qui me faisaient penser à Marie.

Le Petit Clos

1985 - 1986

Au printemps comme prévu, Frédéric et Jérôme quittent la pouponnière et ils nous rejoignent au Petit Clos. Jérôme passe les premières heures agrippé à mes jambes comme à une bouée de sauvetage, il est terrorisé par ce changement et tous ces visages inconnus. Je ne suis pas certaine qu'il reconnaisse Sébastien et Marie. Frédéric semble plus à l'aise. Il demande à s'installer dans la même chambre que Sébastien. Jérôme partage la chambre de Marie avec deux autres jeunes enfants.

L'année scolaire s'est bien terminée, je suis arrivée à obtenir plus que la moyenne, surtout avec les professeurs qui me soutiennent, et je suis admise à entrer en seconde année. En attendant nous partons tous en vacances dans le Vercors, ils ont accepté qu'Émilie participe à ce voyage. Depuis un an, je peux compter nos rencontres sur les doigts d'une seule main. Le temps a déjà fait son œuvre et la distance qui s'est installée entre nous, est bien réelle. On naît frère et sœur mais la complicité ne se décrète pas, c'est un long processus que le quotidien lie et délie au fil des années. De plus, nous vivons en milieu ouvert alors qu'Émilie vit en vase clos, coupée du monde.

Petit incident la veille du départ, une pensionnaire du Petit Clos que j'aime beaucoup fait une crise de nerfs, moralité je me retrouve avec un visage zébré, j'ai pu constater à mes dépens qu'elle avait les ongles bien longs ! Elle est désolée, je n'ai pas eu de chance, je me suis trouvée au mauvais endroit au mauvais moment.

Frédéric aura cinq ans en octobre. Il s'exprime très bien, il a un vocabulaire très riche pour un enfant de son âge. Le train a du retard. Sur le quai de la gare, il a repéré un monsieur âgé assis sur un banc. Il va le voir et lui dit :

– Bonjour, monsieur, voyez-vous un inconvénient à ce que je vous tienne compagnie en attendant l'arrivée du train ?

Son interlocuteur le regarde avec étonnement. Ils restent ainsi à discuter un bon moment. Le regard qu'il porte sur ses interlocuteurs inquiète ou irrite les adultes qui sont en contact avec lui. Frédéric vit à son rythme, il met toujours un temps fou pour s'habiller, il n'est pas vraiment fait pour la vie de groupe.

J'aime bien le sport mais j'ai tellement couru et marché à un rythme accéléré que j'ai pris la marche en horreur. Je n'aime pas les randonnées en troupeau, alors les mauvaises habitudes refont vite surface, je râle… "C'est pas des vacances. Vous pouvez partir et me laisser seule toute la journée, ça ne me dérange pas", d'autant que les chemins du Vercors sont plutôt raides. J'entends la complainte sur les jeunes d'aujourd'hui qui ne veulent faire aucun effort, qui ne veulent plus marcher… Je les laisse dire puisqu'ils ne veulent pas écouter.

À la rentrée, Émilie rejoint Canteleu et nous reprenons notre vie au Petit Clos. Les éducateurs s'occupent de mes frères et sœur mais je mets mon grain de sel partout, pour leurs vêtements, leur repas, pour les conduire à l'école. Les éducateurs me disent que je dois penser un peu plus à moi mais ils sont bien soulagés que je puisse m'occuper de Marie car souvent elle les rejette, elle veut que je sois seule à m'occuper d'elle. Quand elle se met à hurler, ils n'arrivent pas à la calmer. De toute façon je reste vigilante même pour mes frères parce que je trouve que tous les enfants ne sont pas traités de la même façon et je ne manque pas de le leur faire remarquer. C'est plus fort que moi, je suis partout. J'aime bien aider la cuisinière. J'ai rangé la réserve de façon rationnelle : au moins au premier coup d'œil, elle trouve facilement ce qu'elle cherche et elle sait vite ce qui va lui manquer. Comme je range les provisions, je vois bien ce qui disparaît anormalement. Je descends souvent le soir prendre une bouteille de lait. Olivier me fait remarquer que je consomme trop, qu'il faudrait peut-être que je pense aux autres… Je n'ai pas ma langue dans ma poche. Je lui fais la liste de ce qui a disparu depuis la veille et qui ne nous a pas été servi à table, "je suppose que ce n'est pas perdu pour tout le monde"… Il y a des moments où ils doivent me haïr !

Mes activités se sont développées. Je passe l'après-midi du mercredi, du week-end et une partie des vacances scolaires à coiffer le personnel du centre. Dans un petit cahier rouge, je note le moindre sou que je gagne. Si j'ai besoin d'un vêtement, d'une paire de chaussures, d'un produit de beauté, les éducatrices me disent :

– Tu as bien assez d'argent !

Je réponds que non. Je cherche le produit qui me plaît le plus, je sais où se trouvent les belles boutiques, un coup d'œil sur l'étiquette et dans ma petite tête je me dis : "je l'aurai même si je dois attendre et travailler encore davantage". Ils m'ont surnommé la "Princesse" ! Ils trouvent que je suis trop exigeante et que je ne sais pas me contenter de ce que j'ai :

– Nathalie, il faut redescendre sur terre, tu mets la barre trop haut !

Ils partent du principe qu'après avoir vécu des moments difficiles, je dois me contenter du minimum, c'est-à-dire un travail sans espoir de m'élever dans l'échelle sociale ou simplement d'avoir une vie normale. On m'a ri au nez plus d'une fois devant mes rêves jugés déraisonnables. Quand je rencontre d'anciens voisins, je lis toujours l'étonnement dans leurs yeux, je sens qu'ils ont du mal à se persuader qu'il s'agit bien de la même personne.

L'année scolaire se termine. Je suis admise à entrer en troisième année de coiffure. Il me reste une année à étudier avant de pouvoir entrer dans la vie active. Marie, Sébastien, Jérôme et Frédéric sont restés une année avec moi au Petit Clos jusqu'à la fin juin. Il a été décidé de les placer en famille d'accueil après les vacances. J'ai eu dix-sept ans en février, la directrice trouve que cette maison familiale ne me correspond plus. Elle pense que je serais mieux avec des filles de mon âge. Je dois m'installer dans un nouveau centre, Le Mont Riboudet, destiné à des étudiantes. Il est en travaux et n'ouvrira ses portes que pour la rentrée scolaire. Le Petit Clos ferme également pendant la période des vacances, je dois donc passer par une étape intermédiaire et je m'installe pour deux mois à Blaise Pascal. Ces nouveaux changements et la séparation avec mes frères et sœur qui sont partis en vacances, font que l'été est bien difficile. Je supporte très mal ces ruptures.

À Blaise Pascal, je ne parle à personne. Je pleure des journées entières. Je me réfugie dans une chambre minuscule sous les toits, je veux être seule, loin du bruit. Je suis fatiguée de devoir être forte. Ils auraient très bien pu nous laisser passer une année de plus au Petit Clos.

Familles d'accueil

Au mois de juin 1986, la directrice du Petit Clos m'a expliqué qu'ils avaient sélectionné des familles d'accueil pour ma sœur et mes frères. Ils vont être placés deux par deux. Marie et Sébastien d'un côté, Frédéric et Jérôme de l'autre. Elle a organisé une rencontre avec les familles qui ont été choisies, les petits et moi-même afin de nous présenter tous et de pouvoir expliquer ma situation par rapport à mes frères et sœur. J'ai décidé de rester volontairement silencieuse pour écouter et observer leurs moindres faits et gestes. On dit que la première impression est souvent la bonne et je ne suis pas enthousiasmée par le choix de la DASS. Ils sont loin de pouvoir gagner ma confiance. La directrice n'impose rien aux familles mais elle leur souligne qu'il serait souhaitable qu'ils m'autorisent à venir chercher les enfants certains mercredis et samedis pour que nous restions en contact. Je ne sens aucun élan de leur part à mon égard mais il leur est difficile de refuser, ils veulent absolument avoir les petits. Avec la DASS, les décisions peuvent traîner comme être prises immédiatement. Les petits s'installeront dans leur nouvelle famille pour être sur place à la rentrée scolaire.

Dès mes premières visites, tout semble se passer normalement pour Sébastien et Marie. Il n'en est pas de même pour les deux petits. Quand je viens chercher Frédéric et Jérôme, je peux les emmener l'après-midi de 14h à 18h. Nous allons faire une promenade ou je les emmène au cinéma, visiter un musée et bien sûr nous prenons un goûter. Rapidement je me rends compte qu'ils ne sont pas heureux. Au moment du goûter, ils restent assis devant moi, sans rien dire. Je ne sais plus que faire, ils ont l'air tellement triste. Je leur demande :

– Pourquoi vous ne touchez pas à votre boisson ?

– La famille d'accueil ne veut pas qu'on boive.

Je ne relève pas et j'ajoute :

– Mangez au moins vos bonbons.

Ce qu'ils font mais du bout des dents.

Je me sens très impuissante et profondément triste de les voir ainsi, deux petits chats écorchés, le pire c'est qu'ils ne se plaignent pas mais leur silence en dit long. Je signale à la directrice que mes deux petits frères ne sont pas heureux dans cette famille :

– Tu es trop exigeante, je t'assure que tu t'inquiètes inutilement.

Mon intuition s'est vite révélée exacte. Quelques semaines plus tard les garçons ont été retirés de leur famille suite à une plainte du directeur de l'école, Frédéric avait des marques sur le corps. Les motivations de la famille qui a accueilli Sébastien et Marie sont extrêmement claires, ils y trouvent une manne financière appréciable. Quand je viens les chercher, la famille ne fait pas un geste, pas un mot de gentillesse, aucune émotion visible, ils ne savent que faire des remontrances très blessantes. Cela reste verbal mais les mots peuvent être aussi douloureux que les coups. Ils ne sont pas restés très longtemps. Ils ont quitté cette famille après le suicide du père : géniale la famille d'accueil ! Et pourtant là aussi à plusieurs reprises, j'avais alerté l'assistante sociale et la directrice du centre où je me trouve. Leurs réponses sont toujours les mêmes :

– Ne t'inquiètes pas, ils vont bien !

Je me demande comment ces familles sont choisies et si des enquêtes sérieuses sont menées avant de leur confier des enfants. Ces enfants ont déjà une histoire difficile qu'il faut essayer de ne pas alourdir davantage. C'est vrai, les centres sont submergés et beaucoup de familles veulent surtout de très jeunes enfants. Au lieu de laisser Frédéric et Jérôme un an à la pouponnière, il aurait mieux valu leur chercher une famille tout de suite pour éviter de les ballotter comme ils ont pu l'être.

Frédéric et Jérôme sont confiés à une nouvelle famille qui me fit bonne impression. Les premières semaines étaient remplies de bonnes intentions. La première rencontre a été organisée à leur domicile, moment agréable. Une chambre complètement refaite pour mes petits frères et une nouvelle voiture qui se justifie avec l'arrivée des deux petits. Ils ont déjà trois enfants. Leur maison est située à plusieurs kilomètres de l'endroit où j'habite, impossible pour moi d'y aller autant que je le souhaiterais. Je les vois très peu les premiers mois. Quand je viens, la famille m'invite à déjeuner. Un jour, ils m'informent de leur souhait d'agrandir encore leur famille. Ils désirent accueillir également Sébastien et Marie qui sont à Canteleu en attendant un nouveau placement. Voici donc les quatre petits réunis, cela va durer plusieurs années pour les garçons. À mon grand regret, Frédéric n'est pas heureux, il est considéré comme le vilain petit canard de la famille. C'est très déstabilisant pour lui.

Je continue de suivre mes frères et sœurs. Ils se confient beaucoup à moi, j'essaie de les rassurer au mieux. Quelques petites choses ne me plaisent guère mais bon le quotidien d'une famille devenue nombreuse n'est pas toujours simple. Je constate que mes frères et sœur récupèrent tous les vieux vêtements des trois enfants de la famille qui sont toujours habillés de neuf ! Il est dommage que la DASS n'exerce pas un contrôle plus actif des enfants placés et de l'utilisation des sommes d'argent remises aux familles d'accueil. On pourrait également interroger les enfants mais ils n'ont jamais droit à la parole. Je leur achète leurs chaussures, j'aime remplir ce rôle et puis, c'est important d'être bien chaussé, je veux aussi leur donner le goût des belles choses.

En juin 1987, je suis en troisième et dernière année de coiffure, il me faut entrer dans la vie active au plus vite. Une bonne présentation, l'amour du travail et plein de courage, je dois pouvoir décrocher un premier emploi. Un vendredi après-midi vers dix-sept heures, j'entre dans un salon de coiffure que j'ai déjà repéré, la vitrine et la décoration intérieure m'attirent beaucoup, le salon est situé juste à côté d'une des places les plus connues de Rouen, la place Jeanne d'Arc. La clientèle doit être variée et offrir plus de possibilités que dans un endroit plus retiré. Je suis reçue très rapidement par les deux associés du salon, ils me demandent de revenir le lendemain pour faire un essai. Cette journée d'essai se passe bien et les deux associés décident de me garder. Je suis ravie, folle de joie, je pars rejoindre quelques amis installés à la terrasse d'une brasserie pour leur annoncer la grande nouvelle. Il s'agit d'un remplacement de deux mois mais c'est déjà un début. Le plus dur est fait. Je suis arrivée à atteindre cet âge tant espéré, dix-huit ans, riche d'un avenir à construire. Je viens de trouver ce premier travail dont je rêvais.

Je n'ai pas le choix non plus, je n'ai pas de famille et comme je suis majeure, la DASS ne va pas m'héberger encore très longtemps. J'ai des milliers de projets en tête. Je souhaite plus que jamais avoir une vie équilibrée et être fière de moi. Cette joie immense est juste légèrement assombrie par un petit détail, je devais partir en vacances avec les éducatrices du centre où je réside mais je n'ai pas besoin de réfléchir très longtemps, mon choix est vite fait. J'ai toute la vie devant moi pour partir en vacances.

Depuis que je travaille, je déjeune souvent avec une amie qui est esthéticienne et qui travaille dans une parfumerie proche du salon où je suis. Par son intermédiaire, j'ai fait la connaissance de Christophe, il travaille tout en terminant ses études. Nous avons très vite sympathisé. Il s'est montré très gentil avec moi. Pour ces mois d'été, je suis retournée m'installer à Blaise Pascal. Tout ceci s'est passé dans un laps de temps très court et je mesure le chemin parcouru. À la rentrée, mon remplacement terminé, je trouve rapidement un autre salon où je suis embauchée à titre permanent. À Blaise Pascal, nous sommes plusieurs jeunes majeures, la DASS souhaite que nous prenions davantage d'indépendance et avec deux autres filles, ils nous louent un appartement de quatre pièces.

Nous ne sommes pas restées toutes les trois très longtemps. Il y a des règles à respecter et la troisième refusait de s'y plier. Je suis restée seule avec Estelle avec qui je m'entendais très bien. Une fois par semaine nous avons la visite de l'éducatrice qui vient vérifier si l'appartement est bien tenu, si tout se passe bien entre nous. Elle apporte également notre argent de la semaine. Au bout de quelques semaines, Estelle a dû partir précipitamment et je me suis retrouvée seule. C'est une expérience totalement nouvelle pour moi car jamais je n'ai vécu dans ces conditions. L'appartement est situé à la périphérie de Rouen. Je travaille tard et je ne rentre jamais avant vingt heures.

Pour des raisons évidentes d'économie, il n'y a pas le téléphone dans l'appartement. Un soir j'ai voulu appeler Christophe, je suis descendue téléphoner de la cabine située en bas de l'immeuble. J'ai bien remarqué une voiture qui arrivait plein phares mais ensuite je n'y ai plus prêté attention. Christophe est absent, je parle quelques instants avec sa mère puis je rentre dans l'immeuble. En appelant l'ascenseur, je sens une présence, la porte de l'ascenseur s'ouvre, je pénètre à l'intérieur et au même moment, un homme me saisit par les cheveux, les insultes et les coups pleuvent, l'ascenseur monte, au quatrième étage la porte s'ouvre, il sort, je reste muette, tétanisée par la peur. La porte se referme, l'ascenseur redescend au rez-de-chaussée, il ne s'arrête pas, il poursuit sa route en direction du sous-sol ; mon cœur va exploser, la porte s'ouvre, obscurité totale, personne. L'émotion est trop forte ; secouée par les sanglots, je reste prostrée, assise par terre dans la cabine de l'ascenseur. Après un moment qui me paraît une éternité, la porte se referme, j'arrive à me remettre debout, je monte au 6ème étage, un des locataires est policier. Nous faisons ensemble un tour de l'immeuble mais il n'y a plus personne. Je suis incapable de donner un signalement. J'ai vu qu'il portait un costume mais je ne pourrais même pas le reconnaître, je n'ai pas vu son visage. Je rappelle la mère de Christophe et je lui raconte :

– Je viens te chercher tout de suite, tu vas passer la nuit à la maison.

Après une nuit au calme, j'appelle la DASS pour leur raconter ce qui s'est passé. Je ne veux pas rester un jour de plus dans l'appartement. Je vais juste y passer pour emporter mes affaires.

À Noël, la totalité de mon salaire est passé dans l'achat de cadeaux pour mes frères et sœurs et aussi paradoxal que cela puisse paraître, il y a aussi un cadeau pour mes parents. De la folie, limite raisonnable : je suis allée dans une boutique qui s'appelait "Baby Joujou", certains prix frôlent l'insolence mais rien n'était trop beau pour eux. Je suis tellement contente de voir leurs yeux pétiller. Aujourd'hui ils se souviennent encore de ce premier Noël. Petite, il m'est arrivé de passer devant cette boutique avec admiration, je contemplais les vitrines toujours merveilleusement décorées. C'était inaccessible pour nous, je savais que je n'aurais jamais de tels jouets mais je ferai tout pour être en mesure un jour de les offrir à mes enfants.

Christophe est très gentil, nous nous entendons à merveille mais nous avons besoin de nous connaître davantage. Ses parents nous proposent de rester chez eux quelque temps :

– Prenez le temps de mieux vous connaître. Vous pouvez mettre de l'argent de côté et si tout va bien, dans quelques mois vous pourrez vous installer chez vous.

La directrice de Blaise Pascal a joué le jeu, elle m'a laissée partir sans me demander de signer de décharge. En effet, je suis majeure et c'est une garantie pour moi en cas de problème de pouvoir revenir vivre au centre. Elle va même faire davantage. L'argent qui m'aurait été remis chaque semaine si j'étais restée vivre dans l'appartement, elle va me l'envoyer par mandat une fois par mois. Ces versements vont se poursuivre pendant une année. Cela me permettra de me constituer un trousseau.

J'ai dix-huit ans et le sentiment d'avoir déjà vécu plusieurs vies. Quelques mois plus tard, nous avons pris notre premier appartement près de la place Jeanne d'Arc.

Mars 2006

Grandir est le résultat d'une savante alchimie. Il faut commencer par accepter d'où l'on vient si on veut avancer sur son propre chemin. Les enfants de la DASS veulent vivre comme tout le monde, ils ont besoin de temps pour se consolider. Nous sommes forts et très vulnérables à la fois. Il faut prendre le temps de vivre avant de pouvoir à son tour, donner la vie. Il faut apprendre la distance pour que chaque accroc du quotidien ne soit pas vécu comme un échec, une souffrance. Les enfants ne sont pas faits pour combler les manques de leurs parents. La DASS surprotège les enfants, ils vivent isolés du monde et quand arrive le terme du contrat, elle lâche dans la nature de jeunes adultes qui ressemblent à ces petits enfants qui apprennent à marcher. Ils ont une démarche hésitante, incertaine face aux aspérités du terrain. Le plus petit écueil fait tanguer le navire quand il ne risque pas de le faire sombrer. Je sais que des progrès ont été accomplis à la DASS sur ces périodes de transition. J'ai entendu parler du contrat "jeune majeur" qui permet d'assurer un suivi au-delà de la majorité mais avant d'atteindre ce stade, il y a d'autres paliers à franchir. La vie des enfants dans les centres pourrait être considérablement améliorée avec les mêmes moyens. Les enfants ne sont pas des numéros, il faut les aider à se construire, les impliquer dans leur vie quotidienne, avoir pour eux un véritable projet de vie. Votre tâche ne consiste pas uniquement à assurer le gîte et le couvert. Il faut offrir une véritable chance, faire de ce passage un tremplin et non une désespérance.

En mars 1984, Frédéric a trois ans et demi et Jérôme, deux ans et demi. Ils n'ont jamais été séparés, ils forment une communauté à eux seuls, c'est ce qui les a sauvés. Voici un résumé de leur parcours :

Étape 1 : Ils passent une année à la pouponnière.
Étape 2 : Ils restent dix-huit mois au Petit Clos.
Étape 3 : Ils sont placés dans la famille n°1 d'où ils sont retirés quelques mois plus tard pour cause de mauvais traitements.
Étape 4 : Ils sont placés dans la famille n°2. Cinq ans plus tard, la famille se sépare.
Étape 5 : Ils sont placés dans une institution religieuse à Rouen où ils restent une année.
Étape 6 : La mère de famille n° 2 après son divorce, s'est réinstallée avec un nouveau compagnon, elle déclare vouloir reprendre les deux enfants. La DASS accède à sa demande. Quelques mois plus tard, elle ne souhaite plus les garder.
Étape 7 : Mes deux frères ont gardé un bon souvenir de l'institution de Rouen, ils sont placés dans une autre institution religieuse en banlieue parisienne, ils ont 14 et 15 ans. Au bout d'une année, je demande qu'une autre solution soit trouvée, je trouve qu'ils sont beaucoup trop livrés à eux-mêmes et à l'âge de l'adolescence, c'est trop dangereux.
Étape 8 : Ils sont placés dans le Sud-Ouest dans une nouvelle famille n°3. Cette famille leur est très dévouée. C'est une famille aisée, à tel point que mes deux frères deviennent d'une exigence que peu de gens seraient susceptibles de satisfaire. Nouvelle rupture car ce couple se sépare, ils restent avec la mère qui va continuer à les suivre et les aider à démarrer dans la vie.

Jérôme et Frédéric étaient les enfants de la famille qui avaient été exposés le moins longtemps à notre vie familiale. Il est regrettable que la DASS soit parvenue à faire de leur enfance un parcours aussi chaotique. Par son attitude timorée, la Société ne donne pas à l'enfance toutes ses chances. Elle leur laisse en héritage le prix de son indécision. Dès le départ, on savait que mes parents ne seraient jamais en mesure de les reprendre. Il aurait fallu rendre ces enfants adoptables.

Il faudrait sortir les enfants de la DASS de leur isolement. On pourrait ouvrir les portes des centres à des familles prêtes à donner un peu de leur temps, susceptibles de devenir un jour des familles de référence. Il est indispensable une fois à l'extérieur d'avoir des points de contact. Des adultes à qui se confier, avec qui on peut discuter, faire part de ses doutes, demander un conseil. Tout n'est pas une question d'argent.

La DASS essaie de gérer cette phase de transition en installant les jeunes par groupe de deux ou trois dans un appartement pour les préparer à prendre leur envol. Je suis passée par cette étape. C'est le début de l'autonomie mais c'est avant tout l'expérience d'une immense solitude à tout juste dix-huit ans. J'avais un métier, je pouvais travailler. J'ai surtout eu la chance de rencontrer le compagnon de mes rêves, ses parents auprès de qui j'ai trouvé soutien et affection, les modèles que j'avais souhaité avoir et je suis ainsi sortie très vite de mon isolement.

J'y serais parvenue seule mais il m'aurait fallu beaucoup plus de temps et d'énergie. Je regarde mes enfants grandir avec amour et enthousiasme sans que le passé vienne à chaque instant me tirer par la manche. C'est la magie des enfants, nous pouvons refaire le chemin avec eux, différemment. J'avance à leur rythme sans brûler les étapes. Puisse la vie me laisser le temps de les accompagner le plus longtemps possible.

Table des matières

Imprimé pour le compte des Éditions du Sextant
en novembre 2006
par l'imprimerie Darantiere à Dijon-Quetigny

Dépôt légal : janvier 2007
N° d'impression : 26-1786

Imprimé en France